Algunas de las reflexiones de Rachel esán documentadas en este libro como recuerdos de su infancia. Se entiende que los niños no siempre tienen impresiones perfectamente precisas de su infancia y sus recuerdos no siempre son idénticos a los de sus padres y otros hermanos.

Some of Rachel's reflections are documented in this book as memories of her childhood. It is understood that children do not always have perfectly accurate impressions of their childhood and their memories are not always identical to those of their parents and other siblings

Traductores al Español

Caleb Michael Yoder es de Choix, Sinaloa, Mexico en donde participa en la obra de la iglesia alli.

Mario A. Cota, un maestro de Español, también de Choix, Sinaloa, Mexico, esta involucrado en el ministerio de Manos Abiertas como director del equipo de la India.

Spanish Translators

Caleb Michael Yoder, from Choix, Sinaloa, Mexico. Caleb is involved there in church work.

And,

Mario Cota, a Spanish teacher, also from Choix, Sinaloa, Mexico. Mario is also currently involved as the India director for Open Hands.

"El amor puede llegar suavemente, pero el dolor rompe
nuestro mundo y deja el corazón perforado y jadeando."
-Marcos Yoder, amigo y consejero licenciado

EL ANDAR DE UNA
Doncella
CON SU AMADO

El honor…
La felicidad…
La hermosura…
Y la gracia…

onceptos de verdad para la Esposa de Cristo. ¡El triunfo sobre la tragedia!

ERNEST WITMER

ARPress

ARPress
45 Dan Road Suite 15
Canton MA 02021
  Línea directa: 1(888) 821-0229
  Número de fax: 1(508) 545-7580

Información de pedido:
Cantidad de ventas. Hay descuentos especiales disponibles en compras de cantidades por parte de corporaciones, asociaciones y otros. Para obtener más información, póngase en contacto con el editor en la dirección anterior.

Impreso en los Estados Unidos de América.

  ISBN-13:   Tapa blanda   979-8-89676-071-9
                    Libro electrónico   979-8-89676-072-6

Número de control de la Biblioteca del Congreso: 2025907209

TABLA DE CONTENIDO

Prefacio

¿Alguna vez te has cansado de la forma en que se lleva a cabo la iglesia? ¿Acaso te molesta que la Esposa de Cristo ya no luce tan hermosa? ¿Qué tal si empezáramos a hacerle a Él el centro de nuestra atención y afecto otra vez? ¿Qué tal si volviéramos a casar a la Novia de Bodas can el Novio?

¡Las novias de bodas son hermosas! Siempre pensé que mi esposa, Raquel, fue la novia de bodas más hermosa que jamas haya visto. El 20 de octubre del 1984, nos casamos y caminamos una travesía tan asombrosa por los siguientes 28 años y 17 días. Pero el 6 de noviembre del 2012, Raquel se fue a su hogar celestial para estar con el Señor, su Novio de Bodas eterno, su Esposo para siempre, JESÚS. ¡Quisiera haber podido estar allí en el cielo para verla caer en Sus brazos ese día, mientras que se fue de las mías!

Raquel también fue un retrato hermoso de la forma en que la Esposa de Cristo, la iglesia, debería honrarle a su Esposo, Jesús. Ahora, yo no fui un esposo perfecto y no amé a Raquel perfectamente mientras que ella estaba aquí. Sin embargo, aun así ella me honró y me dio el liderazgo de su vida como mi esposa. Qué tanto más deberían los cristianos, quienes son la Esposa de Cristo, honrarle a Él porque Él es un Esposo perfecto y nos amó incondicionalmente con amor sacrifical al morir en la cruz por nuestros pecados. Imagina esto—un Esposo muriendo por su esposa. ¡¿No crees que Él merece un poco de honor de parte nuestro como respuesta a ello?!

Este libro es la historia de como una novia de bodas, mi esposa Raquel, hizo justamente esto y dejó un legado de honor so solamente a mí como su líder y amado en la carne, sino a Jesús el Amante eterno de su alma. En *El Andar de una Doncella con Su Amado,* puedes leer su historia y volver a enamorarte con la Esposa de Cristo otra vez. Raquel es honrada supremamente en la presencia real de Cristo ahora. Y es por esto que cuento su historia. Todo lo que ella siempre quiso en esta tierra fue ser mía. ¡Y todo lo que siempre quiso fue que fuéramos de Él! Como resultado de tal fidelidad, ella esta en donde esta ahora, altamente por encima de todos nosotros en el cielo con Jesús. Pero es famosa también aquí en la tierra dentro de los corazones y rucuerdos de todos quienes la conocieron. Si quieres ir a donde ella fue, síguela a ella como ella siguió a Cristo, y terminaras en donde ella esta.

Prólogo

Solo podemos intentar imaginar el escenario. Seis mi años atrás, en alguna parte del ámbito celeste, Él que es tres, y a la vez uno, conversando consigo mismo, diciendo, "Creamos a Ernesto, creamos a Raquel, cada uno de ellos a nuestra imagen, según nuestra semejanza." Entonces Dios los creo, varón creo Él a Raquel. Y Dios vio a Ernesto y Raquel quienes Él había creado y he aquí, eran buenos en gran manera.

En semejanza de Dios. hacían sus papeles como seres espirituales, eternos, creatorios, relaciónales, volitivos, y emocionales. El dar y el recibir estaban en su genética. Ernesto, el varón, el esposo, en toda su fuerza con pasión y valor, creado en parte para perseguir, para iniciar, para proveer y proteger, para acercarse con fin de traer vida, para llenar lo que esta vacío, para dar forma a lo que es sin forma, y para poner orden en el caos. Raquel, la hembra, la esposa, en toda su hermosura, creada en parte para invitar, para atraer, para responder y recibir, para nutrir, para refugiar y preservar con el fin de hacer posible y prosperar la vida. La Masculinidad y feminidad, cada uno con sus cualidades únicas, uniéndose para poder representar de una forma más completa y mas perfecta al Ser del que fueron creados a Su imagen.

Mi esposa Edith y yo hemos conocido a Ernesto y Raquel por muchos años. Siempre admirábamos su caminar con Jesús, su demostración de su peregrinaje de fe juntos y su amor por la iglesia. Reconociendo que la depravación nos afecta a todos, ciertamente no eran perfectos en su representación de su Creador, sin embargo, nunca cuestionamos su amor por Jesús ni su compromiso en mostrar juntos, por la gracia de Dios y de la mejor forma que les fuera posible, el amor, el cariño, la vida, y el corazón del que los creo según Su propia semejanza.

Juntos han criado una familia hermosa y piadosa. Es difícil entender la muerte prematura de Raquel, y hemos lamentado profundamente la perdida de quienes la amaban. Pedimos la gracia de Dios por los que han quedado con un llamado y un propósito aun no concluidos para continuar representando al Ser del que a su imagen fueron (somos) creados.

En el peregrinaje con Ernesto,

Loyal Bacher, amigo y consejero certificado

¿Qué es más fascinante que una buena historia de amor? Sin rival en nuestro mundo, el tema del baile cósmico del universo, una historia amorosa que nos atrae al propiciatorio y nos asegura de que estamos seguros en el trono de la gracia. El amor es una invitación envuelta en seguridad, comunión, y deleite.

Ernesto Witmer tiene una historia amorosa que contar, pero al igual que todas las historias escritas por el Señor, su historia es única y esta llena de giros inesperados. Nadie empieza su historia, su búsqueda amorosa de una esposa, con la expectativa de la perdida, tragedia, y dolor. El amor puede llegar suavemente, pero el dolor rompe nuestro mundo y deja el corazón perforado y jadeando.

En pocas ocasiones he encontrado a un hombre más valiente o mas honesto consigo mismo y con Dios, y con tanta integridad al enfrentar la devastación abrazadora y repentina. La combinación única de un accidente fatal y la boda de su hijo en la misma semana no esta destinada frecuentemente por el Señor para cualquiera de nosotros, para que la sobrellevemos, mucho menos para que triunfemos sobre ello. La historia de Ernesto es un triunfo en medio de una trágica perdida.

La perdida de Ernesto se asemeja a la vida del patriarca Jacob. Él también puede decir, "Raquel se me murió … en el camino, cuando faltaba todavía cierta distancia para llegar …"(Gen. 35:19; 48:7 NBLA).

Ernesto, también hay "todavía cierta distancia para llegar" en tu peregrinaje. Este dolor esta latente con diseño. Tú has sido designado por el Señor para entender los días en que estamos viviendo, para entender los caminos del Señor por medio del pesar, y a traer a la iglesia sabiduría impartido a travez del crisol del dolor. Hay un enemigo que querrá desaprobarte, querrá robar y descalificar el nombramiento divino de tu vida. El libro de tu nombramiento es escrito por el Señor para este nuevo peregrinaje. Asegúrate de no ser desaprobado por el enemigo, sino vigorizado por tu llamado y destino divino. Que este mensaje de amor, transmitido por agonía, sea la plataforma de lanzamiento del que podrás cumplir la siguiente temporada de tu mensaje de vida.

Marcos Yoder, amigo y consejero licenciado

Testimonios

Hay algo verdaderamente hermoso en tener a un amigo o amiga con quién "pasar la vida." Raquel fue esta persona para mí. En retrospección, supongo que nuestra amistad empezó más como una relación de mentora, con Raquel dando de su tiempo y energía para caminar a mi lado, animándome hacia la madurez y la salud. Con el paso del tiempo fue creciendo hasta ser mucho más, el tipo de amistad en el que uno esta al lado del otro en las zanjas. Lo que Ernesto escribe de ella es verdad. Ella fue un regalo no solamente para él y sus hijos, sino a las vidas de muchos quienes toco mientras que procuraba "vivir la vida bien." Estoy honrada por haber sido su amiga y la extrañaré hasta que la acompañe en el Cielo.

-Karen Layman, amiga, International Falls, Minnesota

Raquel. Mi amiga, hija de Dios, de suave hablar, una madre cariñosa. Mentora para mí en la forma que vivía la vida. Siempre tenía una sonrisa para saludar a otros y hacerlos sentir amados. Nunca pronto para la ira sino tardo para hablar, ofreciendo palabras amables y consejos, nunca juzgando. Alegre para servir, nunca exigiendo ser servida. Estoy ansiosa por verla de nuevo.

-Su amiga en Cristo, Vickie Bernard, vecina cercana y amiga, International Falls, Minnesota

Ernesto Witmer es un hombre que ama a Dios quien conoce lo que es experimentar lo que seria para la mayoría de nosotros la mayor prueba de fuego. Es mi oración que Dios use este libro para ministrar y consolar a otros que se encuentren en una situación similar.

-Ray Comfort, Existoso Autor y Fundador de Living Waters [Aguas Vivientes]

Desde el tiempo en que conocimos a Ernesto y Raquel en 1988, los experimentamos como cálidos, acogedores, profundamente apasionados, afectuosos, y auténticos seguidores de Jesús. Fue obvio de que su meta en la vido era amarle a Él y representarle a Él a todos con quienes conocía. Cuando Raquel se graduó a la Gloria en lo que parecía una muerte tan inoportuno, vimos a Ernesto acercarse aun más a su Salvador. En lugar de permitir que su perdida lo incapacitara, se aferró más fuertemente a la Roca de los Siglos. Bendecimos y apoyamos sus esfuerzos para glorificar a la Trinidad en este reflejo conmovedor de su esposo y su Novio de Bodas.

-Darrel y Kathy Nisly, amigos y confidentes, Believer's Fellowship [Hermandad de los Creyentes], Sioux Narrows, Ontario

Mi esposa y yo consideramos ciertamente un privilegio haber sido amigos y colaboradores con Ernesto y Raquel. Que al Señor le plazca usar este libro para glorificarse a Sí mismo al fortalecer los matrimonios y al edificar la iglesia.

-Allen Roth, mentor, supervisor, DesinNATIONS International, Brooklyn, Nueva York

Ayer fui a un funeral, el funeral de nuestra querida amigo Raquel Witmer, esposa de 28 años y madre de cinco hijos. Después del servicio oficial, nos reunimos en el sitio del entierro y un ministro compartió algunas palabras. Mientras que el sol empezaba a ponerse, el director del cementerio luego anunció que el servicio había concluido y que habría maquinaria pesada para bajar el ataúd al sepulcro... pero nadie se fue.

Mientras que todos nos paramos allí viendo bajar el ataúd de Raquel a la tierra, algo paso que probablemente recordaré por el resto de mi vida. A un lado del sitio del sepulcro estaba un enorme montón de tierra y el esposo Ernesto se acerco al asistente y pregunto si le podían traer algunas palas. De pronto trajeron una docena de palas y Ernesto y sus hijos empezaron a palear lo que yo pensaba que serían unas pocas paladas de tierra. En este momento, todos los hombres se adelantaron, y bajo el coro de himnos y la luz menguante del sol al ponerse, palearon, palada por palada el montón entero de tierra, llenando el hoyo en la tierra en donde Raquel quedaría enterrada. En vida, su familia y amigos la amaban y cuidaban de ella, y así fue en su muerte mientras que todos con reverencia, amor, y respeto pusimos a nuestra querida hermana en la tierra. Aunque todos sabíamos que Raquel no estaba allí, sino con nuestro Señor alrededor del trono cantando un cántico que solo ella conoce, nosotros lamentamos, lloramos, y nos regocijamos mientas que el cielo recibió a uno de los suyos.

-Jordan Dayoub, amigo pastor

Dedicación

Este libro es dedicado a mis hijos—Carita, Marcel, Asher, Kristi, y Christopher. Quiero que no solamente recuerden a su madre, Raquel, sino que también recuerden los valores que le importaban y las convicciones que llevaba. Su madre fue mi novia de bodas y, en serio, ella fue una representante resplandeciente de la Esposa de Cristo.

La Escritura es clara: algún día Jesucristo volverá por su Esposa, la iglesia. Quiero que cada uno de mis hijos y de los hijos de mis hijos sean parte de este gran día de bodas cuando volverán a ver a su madre otra vez, y "así estaremos siempre con el Señor."

El Nacimiento de una Novia de Bodas

La Historia de Raquel

Fueron novios desde la preparatoria que vivían en Dakota, Illinois—esta es la primer imagen de los padres de Raquel. Su padre Ron Schrader actuó la parte de Ebenezer Scrooge en la obra de teatro de la escuela en 1948 sobre el *Cuento de Navidad* de Charles Dickens; y aunque ha estado cuidando cada centavo hasta este día, él se parece más al personaje de Scrooge después de convertirse al fin de la historia. Su madre, Mariana Graybill, fue una muchacha dulce de quince años, por quien Ron tuvo que esperar para cortejar hasta que fuera de edad para ello. (No le cuentes a nadie pero los padres de ella hicieron una excepción al permitirla cortejar tan temprano porque les caía tan bien Ron.) Empezaron a cortejarse oficialmente después de que ella cumplió dieciséis años.

Dijeron sus votos nupciales el 17 de diciembre de 1954, y Raquel llegó a ser parte de su familia exactamente un año y seis días después el 23 de diciembre del 1955. Ella fue una bebé pequeña y hermosa de pelo castaño. ¡Ron y Mariana estaban encantados! Ella fue el primer hijo de ellos y el primer nieto por el lado de su papá. *Nueve meses después de su muerte en 2012, Asher, el hijo de Raquel, llegaría a ser el papa de su primer nieto, Kenaz, quien también fue el primer bisnieto.*

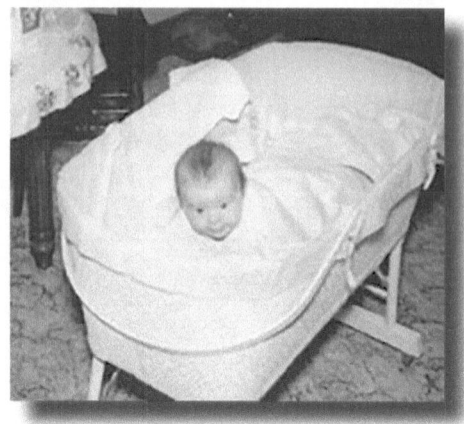

Raquel en su infancia.

Pronto, a Raquel le siguieron tres hermanas más dentro de cinco años y después llegó un hermano poco después de que ella cumpliera los seis. El hecho de ser la hija mayor fue algo que rápidamente fue integrado en quien llegaría a ser como persona, para su bien, y para décadas de conflicto interno. Lo bueno, sin duda, era que rápidamente desarrollo cualidades de responsabilidad—para sí misma y para otros. El conflicto interno que también resultó, fue el de sentir que su valor estaba en lo que hacía y no en quien era como persona.

Hasta este día, estoy conmovido con compasión por ella, al recordar la primera vez que ella me contó esto. Ella nunca culpo a sus padres o a sus hermanos por ello, sino que lo vio como el rol que ella fue llamada a tomar. Solo fue por la gracia y obra del Espíritu Santo y el apoyo moral de sus amigos sinceros que con el paso del tiempo llegó a tener un sentir genuino de la niña maravillosa que era… simplemente por SER quien era como creación de Dios.

Por otro lado, el provecho que recibió al tener varios hermanos cerca de su edad fue el hecho de ser liberada de un ambiente centrado en los hijos que se ve tan a menudo en los hogares de hoy. Muchos padres hoy en día han sido engañados a creer que su hogar debe estar enfocado en los hijos en lugar de estar centrado en el matrimonio de los padres quienes a la vez están centrados en Cristo. Y por lo regular, la diferencia que se produce entre estos dos filosofías es tan grande como el cielo y el infierno. Al comienzo de la vida de Raquel, ella tuvo en claro que el mundo no giraba alrededor de ella. Ninguna otra cosa pudo haberla mejor preparado para llegar a ser una bendición a tantas personas en el transcurso de su vida. Ella estaba libre para enfocarse en otros y estaba entregada para bendecir a toda persona que estuviera a su derredor.

La cosa principal que se puede aprender de esta etapa temprana de la vida de Raquel es el convertir las piedras de tropiezo que encontramos en la vida en oportunidades para crecer. Reconozco que sus padres pudieran haber hecho mejor trabajo en asegurarse que ella se sintiera amada por quién era sin importar lo que hiciera, de la forma que nos ama nuestro Padre Celestial; pero al considerar las deficiencias de ellos, no debemos olvidar lo que estaban pasando en esa etapa de su vida—lo mismo que Raquel llegaría a experimentar como una madre después: la tarea abrumadora de criar hijos pequeños. Sus padres estaban haciendo exactamente lo que Dios manda a las parejas jóvenes: "Sean fecundos y multiplíquense, Llenen la tierra..." (Gen. 1:28, NBLA). Raquel no pudo decidir sobre el orden en que naciera en su familia. Dios se lo había entregado, y ella lo recibió de buena gana. Ella llegó a ser la hermana mayor que cada uno de sus hermanos amaban y de quién aprendían. ¡Qué falta les hizo a su familia cuando fue quitada de entre ellos repentinamente!

Raquel con sus hermanos en la ultimo Navidad de su vida, 2011.

Su Inspiración

La primera mujer fue formada de la costilla de su esposo. De allí llegó a ser su complemento, hecha para recibirlo... de multiplicar su vida. De la misma forma, cada mujer desde Eva nace por el diseño de Dios, y es creada para recibir realización personal al acompañar a su esposo en cumplir su propósito, aunque muchas veces ni él sabe cuál es. Ella le ayuda a encontrarlo. Así como Eva fue creada con la capacidad integrada de fracasar con un hombre que fuera paralizado por el silencio, cada mujer desde entonces ha nacido en un mundo según el linaje de Adan, un mundo caído con los sistemas de familias quebrantadas.

El hombre es llamado a imitar a Dios en formas completamente masculinas. En esta época, muchos hombres en su valentía, están luchando por un objetivo desafiante: el retomar su máximo potencial como hombres. Pero en medio de toda la emoción—las reuniones, los rallys, seminarios, y saludos—algo vital esta ausente. Al redescubrir las enseñanzas olvidadas de la Biblia, entendemos el propósito verdadero de un hombre que nos redime de la perspectiva pequeña e incompleta en que nos ha encerrado el feminismo. Es aceptable que el hombre hable—por cierto es su deber hacerlo. ¡No está bien permanecer callado! Es bueno que un hombre sea líder y esta bien que lidere como un hombre y no como una mujer. No está bien que caminemos lentamente hacia delante cómo bueyes que tienen un aro en la nariz, dando cada paso obligadamente, con temor de que las vacas se molesten con nosotros. Los hombres tenemos que usar discernimiento y honestidad en las batallas y dificultades que tenemos en nuestras relaciones. Pero esto nos llama a superar el temor paralizador del fracaso para que podamos ser valientes al arriesgarnos, para poder conectarnos con otros de una forma espiritual profunda, y seguir con la vida de una forma plena y genuina.

Raquel me motivó a ser un hombre con este carácter. El poder de su presencia en mi vida me impulsó hacia la tierra prometida de hombría Edénica. Logró hacer esto por ser completamente femenina, no por tratar de ser como yo, o tratar de hacer que yo fuera como ella. No insinúo que estas tendencias o tentaciones nunca existieron. Porque sí existian, de la misma forma que existian para Adan y Eva en el jardín de Edén. Pero estábamos viviendo al otro lado de la redención. Sabíamos dónde queríamos llegar en nuestro matrimonio, y sabíamos dónde buscar dirección para ello.

Yo estaba motivado por una mujer completamente dedicada a vivir según el diseño de su Creador. Cuando Dios creo a la humanidad, creó a los dos a Su imagen, ambos "varón y hembra los creó." Los dos de nosotros fuimos necesarios para dar la imagen perfecta de Dios a nuestros hijos. De la misma forma que los dos fuimos necesarios para concebirlos, fue necesario de ambos para darles un ejemplo vivo de cómo es Dios. Cuando yo trataba de ser ella, o trataba de hacer que ella fuera yo, la imagen fue opacada. O cuando ella trataba de ser yo, o trataba de hacer que yo fuera ella, de igual forma la imagen perdió claridad y fue confuso para nuestros hijos. Fue necesario que cada uno de nosotros fuéramos quienes Dios deseaba que fuéramos al crearnos para poder llevar Su imagen.

La Esposa de Cristo

El nacimiento de una novia de bodas no es algo de poca importancia. Cualquier novio sabe esto. ¿En dónde quedaríamos como novios esperanzados si no hubieran nacido nuestras futuras esposas? Aún estuviéramos vagando por el mundo en busca de nuestra media naranja. Pero aquí están como regalos de Dios—entregadas divinamente por orden sobrenatural, perfectamente unidas a nosotros para propagar nuestro genero.

¡Así es la esposa de Cristo! Ella fue planeada por Dios: es Él quien la acerca, es Él quien lleva a cabo el matrimonio, es Él quien multiplica nuestra vida por medio de ella. ¡El matrimonio en sí, no es la finalidad! Mas bien es la imagen de algo mucho mejor que solamente el encuentro, unión, y propagación de un hombre y una mujer para el bien de ellos mismos. Jesucristo es la finalidad de todo ello. ¡Él es el Esposo verdadero, el Amante verdadero, y el verdadero Dador de la vida!

Cuando una iglesia es concebida, tampoco es cosa de poca importancia. Su Esposo, Jesucristo, ha estado anhelando su aparecimiento. ¡Ella es Su pasión; Él se deleita en su llegada! Cuando Él la encuentra, es quitada la cortina y es revelada una sala de parto divino, donde Dios le introduce al universo el nacimiento de un matrimonio creado en los cielos. Cristo y su esposa recién casada reciben el lugar de atención principal cada vez que es formada una nueva hermandad. Ha habido un tiempo de anhelante espera, un tiempo de cortejo, por decirlo así, un tiempo soñando de lo que sería vivir juntos como un cuerpo. Y ahora el tiempo ha llegado. Una nueva iglesia es formada.

Dios usa el matrimonio cristiano, y la familia cristiana que proviene de él, para dar un ejemplo de Su plan para nuestra relación con Él. Cuando parejas cristianas se mudan a una nueva comunidad, las personas de la comunidad rápidamente descubren algo en las dinámicas del matrimonio de sus nuevos vecinos que quieren imitar. Los atrae; y se van dando cuenta de que lo que los atrae no es solamente la imagen sino la sustancia real que es reflejada por medio de ellos. Un matrimonio terrenal es hermoso, sin duda, y la relación es real— pero los matrimonios que observan los incrédulos cuando se empieza una nueva iglesia, alcanzan un propósito más grande que solamente la interacción humana. Están trabajando dentro de las dinámicas de un romance divino, aunque muchas veces los vecinos que los observan, no lo reconocen todavía.

La historia de Raquel me recuerda que un nacimiento es de gran importancia. Una mujer que nace dentro de una relación cariñosa de matrimonio, esta destinada a prosperar aunque todo probabilidad natural este en su contra. La primera mitad de la vida de Raquel fue en preparación para estar casada con un tipo como yo a los veintiocho años de edad, y la segunda mitad fue para ser mi esposa e inspiración diaria en los siguientes veintiocho años de vida estando casada conmigo. Ambos la historia de su nacimiento y su inspiración como mi esposa dan mucho ejemplificación de la Esposa de Cristo. Su vida fue una de alabanza, dirigiendo todos a Cristo, en la forma que honro a Él por quien Él es y por cómo me honró a mí por quien yo fui. Ambos su reverencia por Él y su respeto por mí fueron contagiosos en la forma que influenciaron a las esposas a su derredor.

Reflejos en el Matrimonio

Hay un propósito simbólico en el matrimonio, pero el matrimonio no es una tema popular en la cultura de hoy, al menos que lo definas en tus propios términos. Es aceptable hablar de familias de padres solteros, familias mezclados, empresas familiares, agrícolas familiares, y aun de valores familiares. Por supuesto que todo esto es bueno. Y claro, yo también estoy a favor de las familias. Por cierto, ser un hombre de familia ha sido de las cosas que más satisfacción me ha dado en la vida. Y no debería haber necesidad de aclarar que en los ojos de Dios, la familia presupone el matrimonio. Pero la mentalidad de la sociedad de hoy ha llegado a dejar al matrimonio como algo opcional.

Pero a la vez, de formas subliminales, nuestra cultura clama desesperadamente por las respuestas de Dios a los problemas de matrimonios rotos y sistemas familiares destrozados. Como iglesias conservadoras, podemos desacreditar la lógica torcida de la agenda homosexual, pero la verdadera raíz del problema no esta en este ámbito siquiera. Al contrario esta en el patio trasero de nuestra casa, o posiblemente deberíamos decir el patio al frente de nuestra casa. Para nosotros que deseamos aferrarnos a las definiciones bíblicas del matrimonio, es necesario que empecemos a vivir nuestros matrimonios conforme al mismo reglamento que aclamamos—la Palabra de Dios. Quizá cuando quitamos la viga de nuestros propios ojos, podremos ver bien para poder quitar la paja de los ojos de los demás.

Aplicaciones para Parejas

Recientemente, dentro de una semana, dos hombres me preguntaron "¿Cómo puedo ponerme en contacto con el corazón de mi esposa?" Para muchos de nosotros como hombres, es algo que nos deja perplejos. Estamos mucho más acostumbrados pensar en términos de nuestra cabeza o nuestro cuerpo—pero no de nuestro corazón.

John Regier una vez me dijo que yo tenía un "corazón encerrado intelectualmente" (es uno de doce tipos de "corazones encerrados" que él dice que uno puede tener). Él tenía razón. Tenía mucho sentido para mí cuando él lo explicó de esta forma, y se sintió correcto para Raquel. ¿Notas la diferencia? Para mí, importaba lo que tenía sentido pero para ella importaba lo que ella sentía. Ademas, mi corazón encerrado intelectualmente no fue una buena combinación con el "corazón encerrado desatendido" de mi esposa. El remedio que me receto Regier fue el tomar tres pastillas: Relajar, Palpar, y Disfrutar. Cuando empece a tomar estas pastillas, mejoro mucho nuestra relación, ¡Y Raquel estaba feliz! (Pero esto fue mi corazón. Ahora hablemos de los corazones de nuestras esposas.) "¿Cómo," preguntaron estos hombres, "puedo ponerme en contacto con el corazón de mi esposa?"

Lo que respondí a estos esposos puede parecer bastaste sencillo, pero yo creo que va directo al grano de cómo conectamos con nuestras esposas. Lo que compartí con ellos fue el resultado de una vida de amar, vivir, y luego perder a mi esposa. ¡Fue de experiencia! Les dije simplemente que pusieran atención a lo que las hace felices.

¿Qué es lo que la alegra y la llena de vida? Esta felicidad es el resultado de sentir que son completamente valoradas como el tesoro especial que Dios ha creado. No es algo académico. Es instintivo. Tiene que ver con el corazón. Para que yo verdaderamente cuidara del corazón de Raquel, tenía que tomar en cuenta su felicidad. Porque cuando sabes lo que la hace feliz de esta forma, conoces en donde está su corazón. Y cuando sabes en dónde está su corazón, ¡búscala, dondequiera que te lleve!

Estas son siete cosas que hacían feliz a Raquel. Tomen notas varones; es probable que harán feliz a tu esposa también.

Relación: Esposos, más de lo que ella te ama a ti, ella ama esto.

Conexión: ¡Comparte de ti mismo, o ni pienses en casarte!

Transparencia: Ella es modesta por fuera, pero su alma esta descubierta.

Hijos: Permítele tener los que su corazón desee.

Conversación: "Palabras tiernas, toque gentil, y una buena [conversación]" -Bill & Gloria Gaither

Amistades: Compártelos. Lo de ella es tuyo.

Familia: Esto llega juntamente con el matrimonio.

más Misterio: Lo asombroso de todo ello.

Para empezar, todo se trata de una *relación* … de sentirse conectado emocionalmente. Raquel me amaba en verdad, pero más de lo que me amaba a mí, amaba nuestra relación. Esto es, ella amaba sentirse emocionalmente conectada conmigo. Cuando yo me esforzaba para mejorar esta *conexión*, ella se alegraba. ¡Y mucho! También me quería a MI como un individuo. Entonces ella se alegraba cuando estaba dispuesto a hablar de mí mismo también—el ser abierto con ella de lo que pensaba, de como fue mi día, y de como me sentía. Mi *transparencia* siempre la alegraba aún cuando las cosas que compartía con ella no fueran cosas alegres.

Otra gran parte de la alegría de Raquel fueron sus *hijos*. Cuando yo me acercaba a nuestros hijos, y pasaba el mayor tiempo posible con ellos—jugando con ellos, leyéndoles libros, tomando tiempo para hablar con ellos, también la hacía feliz. Sus *amistades* también la hacían feliz. Entonces cuando yo hacía amistad con sus amigos, también se alegraba. Lo mismo con sus padres y hermanos—Entre más me interesaba en su *familia* y me acercaba a ellos en maneras practicas, más se alegraba. Aprendí a apreciar cualquier cosa que la hiciera feliz.

¿Qué es lo que hace feliz a tu esposa? ¿Se emociona por las flores? Entonces, emociónate tú por ellas también—las que a ella le gusten. ¿Le gustan amarillas o rojas? Lo que le emociona a ella. ¿Cuál es su sabor favorito? ¿Le gusta vainilla, chocolate, o algún otro sabor? ¿Le gusta acostarse temprano y levantarse temprano? Hazlo con ella. ¿Prefiere salir de la casa e ir a caminar, visitar amigos, o ir de compras? Camina, visita, o ve de compras con ella.

Bueno, pudieras decir, ¡Es una forma segura de tener una esposa consentida! No lo es si es una esposa piadosa. Raquel no fue consentida, y yo creo que esto no consentiría a otras esposas tampoco. Y si las llegáramos a consentir, ¡¿Qué?! ¡No es este el propósito por lo menos en parte de tener una esposa? ¡Cómo quisiera yo poder consentir más a la mía! Jesús dijo, "Porque donde esté vuestro tesoro, allí estará también vuestro corazón." (Mateo 6:21). ¿Quieres conocer el corazón de tu esposa? Piensa en su *felicidad*.

¿Y sabes qué? Mi esposa ahora es la más feliz de todas. Todo deseo de su corazón esta completamente satisfecho. Y ella esta feliz. ¡Completamente feliz! Es por esto que mi corazón anhela el cielo también—¡es el lugar de felicidad supremo!

Capítulo 2

Lo Llamó Jesús

La Historia de Raquel

Raquel tenía una relación con Jesús que yo admiraba. Y todo empezó en los primeros años de su vida. Ella se sentaba con reverencia en el sofá a un lado de su mama, ella escuchaba, se acercaba para ver los dibujos para no perder una palabra de *Marian's Big Book of Bible Stories* [El Gran Libro de Historias Bíblicas de Marian]. Siendo la mayor en su familia, por lo regular había uno o dos otros hermanos entre ella y su mama, dependiendo de cuántos hermanos estaban con ellos en el momento. Raquel no tenía recuerdos de sentarse en las piernas de su madre (otra vez, el llamado temprano al ser el hijo mayor), pero ella escuchaba cada palabra atentamente y se aferraba a ellas como si su vida dependiera de ello. Años después, aún podía repetir a sus propios hijos las historias de los discos de *Ethel Barrett's Bible Story* [Historias Bíblicas de Ethel Barrett]. Su papa también le leía historias los domingos por la tarde mientras esperaban que estuviera lista la comida después de la iglesia.

Su Mama y Papa Schrader de seguido estaban exhaustos del rigor de cuidar la granja, atender la casa, y criar a sus hijos, entonces siempre estaba presente la tentación de solo proveer distracciones para los niños para poder tomar el tiempo para sus propios intereses o tomar una siesta por la tarde. Pero como no tenían una televisión en su hogar ni videos para reproducir, no hubo tal evasión—o invasión, como quiera que veas a la Sra. Televisión. Pero aún así hubo oportunidad para reemplazarse a sí mismos con una niñera u otra forma de entrenamiento programado para niños. Pero no lo hicieron, y estas inversiones espirituales que hicieron sus padres no fueron sin provecho en la vida de Raquel. Fue de esta forma que Raquel escucho el nombre de Jesús por primera vez y llego a anhelar tenerlo en su vida.

La Primogénita Raquel, en las Piernas de su Papa.

La batalla más grande en el transcurso de la vida de Raquel fue el temor. El temor bruto fue introducido en la vida de Raquel por primera vez en la granja donde creció, en la forma de animales grandes. Cuando entro al primer grado tuvo que caminar sola por el callejón largo que salía de su casa en la granja hasta la Calle Winneshiek para subirse al camión escolar. Por ambos lados de la calle había ganado para engorda apacentándose sin las restricciones de una cerca, porque su papá tenía lo que se llama un pasa-ganado al fin de la calle. Literalmente temblaba por dentro mientras caminaba entre ellas mientras mugían y bufaban siguiéndola por el camino. También tenia que contender con estos animales mientras realizaba sus deberes al esparcir paja en sus corrales dentro de la granja. En cuanto empezaba a sacudir la paja para esparcirlo, los novillos empezaban a brincar y menearse, casi tumbándola y haciendo que por dentro se desbaratara emocionalmente. Unos treinta años después, su hija de ocho años daría un paso sin querer a una abertura en el piso de la parte de arriba de la granja donde se guardaba la paja y caería en los mismos corrales de ganado donde trabajaba Raquel. Ella llegó corriendo y llorando al abuelo Schrader quien soltó una risita al escuchar sus quejas de la vacas.

Pero ella declaro, "¡Abuelo, NO es chistoso!"—sentimientos resultando sin duda del mismo estremecimiento del corazón de su madre.

Como niña pequeña, Raquel ya había experimentado el temor. Un día, ella dio un paso arriba de un libro grueso que estaba en el piso de la sala de su casa, pero luego— ¿cómo se podía bajar? Se quedo parada allí gritando de miedo y temblando hasta que vino su mamá para rescatarla y ayudarla a bajarse otra vez. Me gustaría creer que la reacción de Raquel fue una profética de un sentir de llamado y pensaba que estaba arriba de un montón de libros tan alto como los rascacielos en el centro de la ciudad de Los Angeles. En los cuatro años y siete meses que Raquel y yo vivimos en Los Angeles con nuestra familia antes de su muerte, habíamos distribuido más de medio millón de libros por medio del ministerio de *Choice Books* [Libros Selectos]. Si hubiéramos amontonado estos libros hasta que los montones llegaran a ser del tamaño del rascacielos mas alto en Los Angeles, hubiéramos formado quince montones de este tamaño al contar todos los libros que se han distribuido en Los Angeles y sus alrededores. Quizá, este día como niña pequeña, Raquel se imaginaba arriba de uno de estos montones altos de libros.

No importando si fuera al parase arriba de un libro grueso, o de pasar por en medio del ganado espantoso, o aún del tubo de ventilación ardiente de la estufa que pasaba de una forma espantosa por su cuarto, Raquel finalmente llego a confiar en Jesús cuando el temor amenazaba su pequeño corazón. Ella estaba sintiendo preparada para ser Su novia de bodas. Ella se entregó en confianza a Él por lo que no entendía y recibió lo que había llegado a amar en este Jesús de quien sus padres la habían contado por primera vez.

Su Inspiración

Mirando atrás en la vida de Raquel, es fácil ver cómo sus experiencias de niña moldearon la persona en quien llegaría a ser. Pero la vida se vive en el presente, y solo Dios conoce el resultado completo desde el principio. Las experiencias tempranas en la vida de Raquel llegaron a cumplirse mucho antes de que las dimensiones del tiempo y perspectiva hubieran dado su sabia influencia. Como fue dicho una vez por un poeta, "La mejor cosa que tienes en este mundo es Hoy. Hoy es tu salvador. Pero muchas veces, este es crucificado entre dos ladrones: el Ayer y Mañana."

Dios conocía, y sus padres creyeron, que el tomar tiempo para leer historias bíblicas a Raquel de niña, tuviera un efecto significativo, en quien llegaría a ser como adulta. Pero los padres de Raquel no podían ir inmediatamente al futuro y recibir el beneficio de ello. Ni tampoco podían regresar tiempo atrás y decir "Si tan solo nuestros padres nos hubieran leído estas historias a nosotros, sería mucho más fácil para nosotros ser buenos padres ahora." No, lo único que podían hacer era ser fiel en el presente y ver con fe hacia el futuro.

De una forma similar, Raquel experimentó en el presente las bendiciones de estas lecciones de la Biblia, viviendo y respirándolas a diario, muchas veces fingiendo ser ellos con sus muñecas y hermanas. Y mientras iba progresando el tiempo presente, un día a la vez, año con año, en su vida real, el vivir en el presente iba cambiando y creciendo junto con su edad y madurez. Cada día, Jesús la estaba guiando por el camino de la vida, y la estaba retando para vivir de una forma autentica en el presente. No importando si fuera el reconocer los temores que enfrentaba, o el apreciar las alegrías diarias que tuviera, fue al ser autentica en el presente, que Raquel llego a ser la persona empática, amante de la paz a quien Dios la había llamado a ser. Esto es reflejado en las siguientes reflexiones escritas por su cuñada, Lynette Schrader, dos días después que Raquel se fuera para estar con el Señor:

8 de Noviembre, 2012:

Jesús, Mi corazón esta triste y con gran pesar. Nuestra querida Raquel se ha ido de entre nosotros, y estoy abatido al pensar en tiempos en familia sin ella. Los recuerdos de ella inundan mi corazón:

La navidad del 2007 en su hogar en Minnesota … El brillo de sus ojos … Su hermosa sonrisa. Ella estaba tan contenta de que todos estuviéramos allí. Ella no se ajetreaba, sino de forma calmada y gentil mantenía las cosas en marcha. Siempre me acordaré de su gentileza, su amabilidad.

Me acuerdo de muchas conversaciones en el dormitorio en la planta alta de la casa en la granja. Yo subía para cambiar el pañal o dar de comer a un bebe. Pronto escucharía que alguien tocaba suavemente la puerta, y Raquel entraría calladamente para tener una charla de corazón a corazón. Me sentia seguro con ella. Lo suficiente seguro como para compartir cosas con ella que solo he compartido con unas pocas personas. Ella me conocía y me amaba y me aceptaba y celebraba quien soy y lo que Dios estaba haciendo en mí. ¡Cómo extrañaré estas conversaciones!

Raquel también fue mi compañera para caminar en las reuniones familiares. Por lo menos una vez, saldríamos para caminar y platicar. Ella siempre estuvo dispuesta para compartir sobre su propio recorrido en la vida y de sus batallas conmigo. Ella fue honesta y autentica. Sincera. Ella siempre escuchaba y le importaba. Ella nunca me hizo sentir como un proyecto, alguien a quien ocupaba arreglo. Yo sabía que ella me quería como era, y por quién era, y yo la amaba también.

Ella no deja solamente un hoyo en la familia Schrader, ella deja una caverna. Fue su liderazgo gentil que hacía realidad la mayoría de las reuniones familiares. Fue ella quien cuidó de Mamá cuando tuvo problemas de salud. Fue ella quien ayudo a mantener la comunicación entre nosotros por correo electrónico. Sus correos frecuentes, usualmente eran cortos pero siempre fueron significativos, y fueron de bendición para mí. Guarde la mayoría de ellos. Ella estaba dispuesta de compartir sus alegrías y sus tristezas conmigo. Lloré cuando leí el correo en que compartia de sus lagrimas al decirme que Marcel y Carita se habían mudado a Pennsylvania y Asher iba a salir pronto también. Frecuentemente, Raquel fue el enlace que nos mantenía conectados a lo largo de las millas de distancia, reenviado mensajes de texto de terremotos en Costa Rica, vuelos sobre océanos, y otros pensamientos. Me encuentro pensando: ¿Cómo podremos seguir sin ella? Recuerdo su batalla para confiar cuando Kristi fue diagnosticada con un tumor cerebral. Cómo Dios le daba arcoíris—promesas de Su presencia y amor. Recuerdo su batalla para no ceder al temor cuando ella presentia que alguien se iba a lastimar al esquiar, y por fe cuando Asher fue lastimado ese mismo día.

Recuerdo la travesía de ella al entender más y más del amor de Dios para ella, y de verla vivir más y más desde el punto de ser amada.

Amor por Dios y otros rebosaba de ella. Yo sabía que provenía de su relación con Jesús.

Recuerdo su amor intenso y pasión que tenía por su esposo e hijos. ¡Cómo amaba a estos regalos que Dios le había dado! Ella fue una maravillosa mamá y esposa. Cómo le dolería saber el dolor que les causaría al irse a su hogar eterno.

Recuerdo que Raquel amaba la vida, y nos amaba a nosotros. Yo sé que ella quería que volviéramos a disfrutar del brillante cielo azul, la belleza del atardecer, la risa en familia. Ella no querría que nos perdiéramos en la tristeza. Ella querría que nos regocijáramos de su graduación en la Vida abundante. Ella querría que confiáramos en la bondad de Dios. Que Dios nos conceda la gracia para honrar a Raquel al ver Su bondad y gracia en medio de la oscuridad.

Algunos de nosotros somos alabadores. Otros somos servidores. Algunos somos maestros o escritores. Raquel fue una amante. Un amante apasionada de Dios, su familia y sus amigos. A ella le importábamos. Nunca olvidaré de esto. Celebro muchas cosas de Raquel, pero más que cualquier otros cosa, recuerdo su quieta y gentil fuerza y sabiduría. ¡Cómo la voy a extrañar!

La Esposa de Cristo

Max Lucado una vez dijo, "El corazón de una mujer debe estar escondido en Dios de tal forma que un hombre tiene que buscarlo a Él para poder encontrarla a ella." Esto no deber ser menos cierto de la Esposa de Cristo—ella debe estar escondida en Dios de tal forma que la gente no puede encontrarla a ella al menos que encuentren primero a Dios. Me parece que esto debe ser algo obvio, pero demasiadas veces no lo es. Por cierto, A veces cuando las personas más empiezan a ver a la "iglesia," menos pueden ver a Dios. Pero cuando Jesús es permitido ser la Cabeza de la iglesia en verdad, Él estará mucho más arriba que todo lo demás. Y cuando la gente le mire a Él, ellos encontrarán Su iglesia también, alabando a Sus pies.

Poniendo a Jesús como el punto de referencia, las vidas de las personas pueden ir en dos direcciones. Por un lado, lo más que nos acercamos a Él, lo más nos acercamos a otras personas. Pero por el otro lado, cuanto más fallamos en ponerlo como nuestro enfoque principal, más nos alejamos de las personas que sí lo están haciendo. Jesús es la persona que más puede unir a las personas en el sentido de que todos los que lo alaban, claman a Él por salvación, y mantienen sus ojos "puestos en Jesús, el autor y consumidor de su fe" son unidos alrededor de Él. Pero también es la persona que más puede dividir a las personas en el sentido de que todos los que rehusan alabarle, lo rechazan como el Salvador y Señor de sus vidas, y no lo ponen como el enfoque de su fe, van en dirección completamente opuesta de los que sí lo están haciendo.

Jesús hizo toda la diferencia en la vida de Raquel. Y Él hace toda la diferencia en la vida de la iglesia, la Esposa de Cristo. La relación más intima es el de la Esposa de Cristo y su Esposo. Sin intimidad, en realidad no hay una relación. Un grupo de personas pueden llegar a organizarse y llamarse una iglesia. Pueden reunirse con buenas ideas y buenas actividades, y enumerar buenas doctrinas para seguir, pero al menos que estén íntimamente enamorados de Jesús su Esposo, ellos no son la Esposa de Cristo; ellos no son la iglesia de Jesucristo.

Reflejos en el Matrimonio

¿Cuál es el significado del matrimonio? ¿Qué tenía Dios en mente cuando tomo la costilla de Adan y creo a Eva de él, para luego unirlos en matrimonio? ¿Qué es lo que quería decir Adan cuando dijo, "Esto es ahora hueso de mis huesos y carne de mi carne; esta será llamada Varona." Exactamente ¿qué es lo que está en el hombre que hace a una mujer? Y ¿qué es lo que esta en su unión que hace un matrimonio?

No llegamos muy lejos en la teología del matrimonio del Nuevo Testamento antes de llegar a Efesios capitulo 5, que describe para nosotros con detalles coloridos el diseño de Dios para el matrimonio. Él lo pone como una imagen, un símbolo de algo mayor, o cómo lo hemos considerado, un reflejo. Ahora, si tienes un reflejo de algo, tiene que haber algo más que es reflejado. Hay algo real por un lado, que aparece como un reflejo por el otro. Por ejemplo, consideremos a Rainy Lake en el norte de Minnesota en un día sereno de verano, la pacifica quietud del agua reflejando perfectamente el hermosa paisaje a las orillas del lago, de tal forma que apenas puedes notar la diferencia entre los flores y arboles reales y los que son meramente reflejos de estas flores y arboles.

De la misma forma, encontramos en la Escritura que el matrimonio es un reflejo, o para usar la jerga eclesiástico correcta, es una ordenanza. Una ordenanza es una señal terrenal con un significado celestial, o para decirlo de otra forma, es un símbolo unico con un significado espiritual. En otros palabras, el matrimonio es algo en esta tierra que está destinado a ser una imagen de algo que esta en el cielo, algo dentro del contexto terrenal que ilustra algo en el ámbito celestial. El matrimonio es un tipo. Es la sombra de algo mucho mayor y mas real que ella misma. Y recuerda, ¡una sombra es siempre leal a la sustancia verdadera! Un reflejo es siempre congruente a la cosa real que esta reflejando.

Bueno, puede resultar decepcionante para las personas casadas el darse cuenta que el matrimonio no es un fin en sí mismo. Lo siento, pero solo es esto—una ilustración terrenal. No es la cosa real en términos del cielo y la eternidad. La cosa verdadera es Jesucristo y la relación que Él desea tener con Su pueblo. Nuestros matrimonios son imágenes de esta relación. Y esto es significativo, ¿verdad? Ya vez, ¡no es decepcionante!

Aplicaciones para Parejas

Nuestra RELACIÓN: ¡Su felicidad!

Cuando los hombres me preguntaron, "¿Cómo puedo ponerme en contacto con el corazón de mi esposa?" y yo respondo, "Solo haz que sea feliz," ¿qué es lo que significaba esto para mí? ¿Cómo le hacía a Raquel feliz? Bueno, para empezar, para ella, la felicidad en el matrimonio se trataba de relación, el sentirse conectada personalmente y vinculada emocionalmente a mí de tal forma que ella sentia una unicidad. Sin duda ella amaba el distintivo "yo," pero aún más de lo que me amaba a mí, ella amaba la relación que tenía conmigo. Estaba ella y estaba yo, pero ¿qué bien hacíamos cualquiera de nosotros si no llegábamos a ser uno solo?

R _elación_____ Esposos, más de lo que ella te ama a K, ella ama esto.

C _____ ¡Comparte de ti mismo, o ni pienses en casarte!

T _____ Ella es modesta por fuera, pero su alma esta descubierta.

H _____ Permítele tener los que su corazón desee.

C _____ "Palabras tiernas, toque gentil, y una buena …

A _____ Compártelos. Lo de ella es tuyo.

F _____ Esto llega juntamente con el matrimonio.

Más M _____ Lo asombroso de todo ello.

Para Raquel, una rosa era tan significativa como una docena. La verdad es que no le gustaba cuando le llevaba un florero lleno de rosas. Ella prefería solamente una. Para ella, esta rosa única representaba la singularidad de "nosotros." Representaba la unidad de nuestra unicidad, lo distintivo de yo y ella juntos, de yo y ella en relación. Esto fue lo que hacía nuestro matrimonio feliz para ella. ¡Por qué corromper su significado con una docena de rosas!

El primer lenguaje de amor de Raquel fue tiempo de calidad. Al mirar atrás, si hay una cosa que cambiaria de los veintiocho años y diecisiete días de nuestro matrimonio, seria decir "no" muchas veces más a muchas otras personas y decir "sí" a pasar mucho más tiempo de calidad a solas con ella. Cuando me enfocaba en nuestra relación—para ella, esto era tiempo de calidad. Y porque esto era lo que le importaba de corazón, ¡la hacía feliz! Y porque esto la hacía feliz, esto fue exactamente lo que buscaba hacer. Cuando yo relegaba todo lo demás a su lugar correcto, y me enfocaba en ella, ella era feliz. ¡Muy, muy feliz!

Entonces, ¿cómo puedes ponerte en contacto con el corazón de tu esposa? ¡Solo haz que sea feliz! Esto significa poner a tu relación con ella en frente y en el centro. Considero que tu esposa pueda ser similar a la mía. Y me imagino que aún más de lo que ella te ama a ti, ella ama su relación contigo. Si descuidas tu relación, su espíritu se volverá matriarcal y dominante, transformándose en algo más monstruoso de lo que pudieras desear. Entonces no lo descuides. Al contrario, ¡ponlo cómo prioridad principal después de Dios!

La Novia de Bodas Adolescente

La Historia de Raquel

Las mejores efigies de Raquel en su adolescencia son sus dos hijas. Yo no llegué a conocer a Raquel hasta que tenía veinticuatro años, entonces la información que tengo es de historias de ella, al igual que lo compartido por sus padres y hermanos. Pero el mejor sentir que tengo por quien era fue de estas dos imágenes de ella: Carita y Kristi. A ellas las conozco. Las mire crecer y observe la forma en que Raquel se relaciono con ellas de todas la formas tiernas que su mamá se había relacionado con ella durante los años de su crecimiento.

Aunque los expertos han visto difícil el llegar a un acuerdo en una definición precisa para la adolescencia, generalmente es visto como el periodo de transición entre la niñez y la edad adulta. Un día el adolescente puede sentirse y comportarse como un adulto, y al siguiente puede sentirse y comportarse como un niño. De seguido esto causa mucha consternación tanto para los adolescentes como para los padres, y posiblemente para otros también. *¿Quién soy? ¿Cómo debo comportarme? ¿Por qué es que otros no me entienden de seguido? ¿Me entiendo a mí mismo?* Aparte de pasar todo esto, poco después de que Raquel cumplió doce años, el sexto hijo nació en su familia y poco después de cumplir catorce, el hijo séptimo. Siendo la mayor de siete hermanos, no es difícil imaginar que Raquel no tenía tiempo para buscar conocer quién era. En los años durante su crecimiento, ella siempre se sentía responsable por otros, y a la vez se sentía completamente responsable por sí misma también. (Aunque Rachel no recuerda que su madre la haya sostenido, hay fotos que muestran que sí.)

En su libro *Hope for the Family* [Esperanza para la Familia], Dr. Marlin describe una situación típica de la familia de algo que él llama triangulación. Triangulación en el sistema familiar comienza con un problema en la relación del esposo y la esposa. Cuando llega a haber una falta de intimidad entre los esposos en alguna ocasión, para recompensar este alejamiento, uno de ellos puede acercarse a otra persona o cosa en la familia, o aún alguna cosa fuera de la familia. Para que el perímetro y área de un triangulo se mantenga igual, cuando un lado de él se hace más largo, alguno de los otros tiene que hacerse más corto. Entonces si la distancia entre el esposo y la esposa se hace más grande, alguien (o algo) dentro del sistema familiar va a ser acercado, probablemente más de lo que debiera ser. Como resultado de esta triangulación, llegan a haber cuatro posibles resultados para los hijos: un Héroe, un Chivo Expiatorio, un Hijo Perdido, y un Payaso. El Héroe, por supuesto, es el hijo que nunca se aleja del prado, pero si lo llega a hacer, siempre regresa "trayendo sus gavillas con él." ¡Son tomados como héroes! El Chivo Expiatorio, como te pudieras imaginar, es el hijo que se aleja sin avergonzarse de ello y por lo tanto es culpado por casi todos las problemas que hay en la familia. Y emocionalmente, muchas veces son enviados al desierto a morir a solas. El Hijo Perdido no sabe en verdad quién es. Esto es el resultado de estar tan ocupado ayudando y recogiendo lo de todos los demás que apenas tiene tiempo para pensar conscientemente en él mismo. Aunque la verdad sí tienen estos pensamientos en el subconsciente, y esto va erosionando su sentir de identidad como persona. Cognitivamente tienen un sentir de un alto valor propio, por la forma significativa que apoyan en la familia, pero al nivel más intimo del corazón, se sienten desatendidos. Por cierto el Payaso se siente de la misma forma, pero se pacifica a sí mismo al sacar humor de cualquier cosa. Es la forma que en que puede soportar.

Obviamente, estos son casos generalizados, pero sé que al mirar atrás a los años de su niñez, Raquel se identificaría más cercanamente con los sentimientos del Hijo Perdido. Pero a la vez me asombra ver la forma en que ella aceptó este rol. Ella nunca culpo a nadie por ello. Ella simplemente recibió la responsabilidad que sentía puesto sobre ella y la sobrellevaba. Y aunque iba socavando su sentir de confianza personal, estaba tenazmente decidida a explorar su relación con el Señor en formas que he visto en pocas otras personas. Ella estaba en una trayectoria a un nivel de gran seguridad en Cristo durante los últimos quince años de su vida que finalmente la llevo a la seguridad perfecta en los brazos de Jesús. Claramente, ella estaba en la cúspide aquí en la tierra, con tanto que podía ofrecer a los demás, así lo veíamos antes y aún lo vemos así.

Su Inspiración

Una de las mejores amigas de Raquel, su cuñada Lynette, lo dice de tan buena forma, y solo voy a permitir que ella lo diga aquí en algo que escribió poco después de la muerte de Raquel. Creo que jamas voy a poder leerlo sin la inundación de lagrimas que inevitablemente me trae juntamente con una limpieza refrescante para mi alma. Siempre.

Pensamientos y recolecciones de Rachel Whitmer, en honor a ella como mi amiga, mi cuñada, y mi hermana en Cristo:

Celebro la vida de Raquel, ella vivía bellamente en servicio a Jesús y de otros. Nunca te olvidare Raquel. Me gozo al pensar que estarás allí para recibirme cuando sea llamado a mi Hogar celestial. Siempre mostrabas el camino para mí. Una vez más, has hecho precisamente esto.

Ayer, lloré durante la mayoría del servicio de alabanza del Día de Resurrección. Las lagrimas venían por dos razones. Un increíble agradecimiento por la cruz y todo lo que Jesús cumplió allí por nosotros lleno mi alma. Amor por mi Salvador, Redentor, Amante de mi Alma, vino sobre mí como un río. Anhelaba estar en el cielo alabándole por todo lo que ha hecho por mí.

También vinieron las lagrimas porque sabía que mi cuñada tierna estaba allí, su primer Día de Resurrección en el cielo. ¡¿Puedes imaginar el Día de Resurrección en el cielo?! ¿La celebración? ¿El gozo sin limite? ¿La alabanza sin impedimento? En mi alma podía sentirla aquí en la tierra. Ella lo estaba experimentando plenamente en el cielo. Yo anhelaba estar allí también. Las lagrimas me corrían. Me estoy dando cuenta que la muerte no es algo que superas, o del que te recuperas. Es algo que llegas a aceptar y con lo qué encuentras paz. Pero el extrañar continua. Un nuevo capítulo de la vida ha empezado. Puede estar llena de gozo en Jesús, pero es nuevo. Y el sentir de extrañar es muy presente.

¿Cuales son las cosas que extraño y seguiré extrañando de Raquel?

Extrañare nuestras caminatas juntos. No sé como empezó, pero llegó a ser una tradición que fuéramos a caminar un buen rato juntos, con nevada o sol, calor o frio, en cualquier tiempo que la familia estuviéramos juntos. Fue el tiempo para nuestra conversación, para compartir de nuestros peregrinajes, tristezas y gozos en la vida sin que hubiera otro que escuchara. Me sentía tan cómodo con Raquel. Ella fue buena para escuchar. Ella hacía las preguntas correctas, indagando más profundo en mis pensamientos y sentimientos. Ella validaba mis sentimientos, nunca los minimizaba. Yo sabía que podía compartir cualquier cosa con ella sin ser juzgada por ello. Ella veía a Dios trabajando en mi vida y me animaba en el acercamiento a Él. Ella me amaba y me valoraba de verdad. Yo sé esto porque nunca me hizo sentir como un proyecto que quería arreglar. Aunque estuviera de acuerdo o no con mi sentir, ella me aceptaba y me valoraba como una persona que valía la pena amar.

Para mí, esto es de gran importancia por varias razones: tan de seguido, nosotros como humanos vivimos manipulándonos, controlándonos el uno al otro con la intención de llegar a suplir nuestras propias necesidades, y hacer que las demás personas sean lo que queramos que sean. El hecho de que Raquel no hizo esto muestra algo significante de su relación con su Padre celestial. Ella no requería que yo fuera idéntico a ella para que me amara y me aceptara. Ella no necesitaba que yo supliera sus necesidades. Ella ya las tenía suplidas. Ella podía simplemente amar. Esto es libertad verdadera: viviendo como un Hijo amado y portador de la Imagen para que podamos simplemente amar a otros. Llámelos a verdades mas profundas, pero ámelos sin condiciones. Ella hizo esto de una forma más bella que cualquier otra persona que conozco.

Extrañare su amistad. En nuestras caminatas, ella compartía tan libremente como yo. Ella fue honesta. Ella fue vulnerable. Ella no esperaba que yo compartiera mi corazón con ella para retener el suyo. Ella compartía cosas que le causaban gran dolor. Ella compartía cosas que temía y la dificultad que a veces tenía para vivir en confianza, perdón, y libertad. Ella ofrecía la verdad de la libertad a mí, mientras que ella al mismo tiempo luchaba honestamente en su propia trayectoria hacia ello. Ella no fue la Señorita Perfecta, Ya He Llegado, Sé Como Yo. Ella vivía la frase de vida que usa el autor y consejero Terry Wardle, y que he adoptado para mí mismo: "Estoy sanado. Estoy siendo sanado. Y aun he de estar sanado." Ella fue una guerrera honesta que luchaba para vivir libre en el amor de Cristo, mientras a la vez animaba a los que estuvieran a su derredor para pelear por su libertad en Cristo también.

Extrañare su animo. Fue Raquel, de hecho, quien primero me animo para luchar verdaderamente por sanación interior y libertad del miedo y del rechazo y de la confusión interna. Fue Raquel que conocía las partes de mi corazón que estaban profundamente heridas. Ella nos animo a Tim y a mí para recibir consejo para sanción interna por medio de la oración. Ella mostró el camino para mí mientras que ella buscaba su propia sanación interna y me animaba en mi búsqueda de ello. Yo necesitaba de mucha más sanción interna que ella, y hoy, soy una persona asombrosamente diferente, maravillosamente sanada por dentro, como resultado de esta búsqueda. Y fue Raquel quien me dirigió en el camino hacia ello.

Extrañare su espíritu gentil. Posiblemente la cosa que más la hacía extraordinaria a Raquel fue el ser ordinaria. Fue bonita, pero no exageradamente. Ella fue exitosa, pero no por los estándares del mundo. Ella no estudió la universidad, ni tenía un trabajo de mucha influencia. Ella se vestía bien, pero no tanto a la moda. No tenía una personalidad muy carismática. Pero había algo muy dulce y puro que surgía de ella que la convertía—aunque por naturaleza una persona algo quieta y reservada—en un líder, una persona a quien todos buscábamos por dirección, por inspiración, y por liderazgo. Su espíritu gentil y amable y su sincero amor por otros fueron un imán que atraían a otros hacía ella. Sí, de muchas formas fue "ordinaria." Pero Jesús quien radiaba en ella la trasformo y la convirtió en un persona extraordinaria e increíblemente especial.

Al concluir estas reflexiones, tengo un pensamiento más: Para mí, Raquel fue la mujer ideal. Fuerte, y a la vez quieta. Sabia. Gentil.

De hablar suave. Paciente. Ella fue una mamá fantástica, y una esposa alentadora y sumisa.

Muchas veces me he comparado con ella, y he llegado corto. Paciencia: bueno, ¡caigo muy corto en esto! De hablar suave, ¡ni si quiera voy a hablarlo! Gentil. Hmm. Tengo que trabajar en esto también. Sabio. Dios ha puesto mucha vida en mí, pero aún tengo mucho que aprender. Quieto. Por supuesto que no. La lista sigue en mi mente. Posiblemente algunos otros de la familia se sientan igual. Raquel fue tan especial, quisiera ser como ella, ¡pero caigo tan corto¡

Esta es la palabra que Dios ha hablado a mi corazón. Él no quiere que yo ni cualquier otra persona sea Raquel. Solo habrá una Raquel. Como todos nosotros, ella fue verdaderamente indispensable. Solo habrá un Lynette, o Becky, o Ana Marie, o Kristi o cualquiera de nosotros. Yo tengo que ser quien Dios quiere que sea. Y no va a parecerse a Raquel. Va a parecerse a Jesús en Lynette.

Yo pienso que en ultimo termino lo que hacía a Raquel la persona increíble que era, fue que llego a ser la persona que Dios quería que fuera. Ella no llego a ser idéntica a algún otro gran ejemplo de una mujer; no, ella llego a ser ella misma: redimida, perdonada, persistente en su peregrinaje, caminando dulcemente como la persona que Dios quería que fuera desde su concepción.

Mi meta tiene que ser la vida de Jesús creado en MI, no Lynette llegando a ser como Raquel. Raquel siempre me inspirará, me desafiará, me animará para ser más como Jesús. Siempre pensaré en ella como lo ideal. Pero mi meta no puede ser llegar a ser como ella. Mi meta tiene que ser llegar a ser como Jesús. Y como tengo una personalidad muy distinta a la de Raquel, no va a verse igual. Pero esto no significa que no pueda ser bueno. Y al conocer a Raquel de la forma que la conozco, yo sé que estaría feliz con esta palabra respirada de Dios en mi corazón.

Amo a Raquel. Siempre la extrañare. Al escribir esto, deseo soltarla, para lograr captar la realidad que se ha ido de mi, de nosotros, por esta temporada. También me aferro a la realidad que no se ha apartado de nosotros para siempre. Solamente ha sido la primera en ir a nuestro Hogar verdadero, a nuestro Padre verdadero. Entonces espero con fe y esperanza y expectación de una gloriosa reunión.

Raquel con su hermano Tim y Lynette en la recepción de la boda de Marcel y Krista.

La Esposa de Cristo

La iglesia es un lugar al que podemos llamar nuestro hogar. Es el lugar en donde pertenecemos. Es el lugar en donde nacimos sin alguna decisión nuestra, pero por amor ofrecido y amor recibido. La iglesia es el lugar donde aprendemos a caminar y hablar, es donde podemos caer y permitir que otros nos ayuden a levantarnos otra vez, es donde encontramos nuestra voz y aprendemos a enunciar vida. La iglesia es un lugar de hermanos y hermanas— hermanos mayores y menores también; un padre y una madre; un Dios omnipotente y soberano; y un Salvador relacional y compasivo. La iglesia es el lugar en donde vive el Consolador que nos guía por Su paz hacia todo lo bueno.

La iglesia es un lugar para adolescentes—para los que están en el lugar de transición entre dónde estuvieron y hacia donde van. Este lugar donde tenemos la mente tan enfocada en lo celestial que no somos de algún beneficio natural en lo terrenal, y a la vez, en ocasiones, estamos tan enfocado en lo terrenal que no somos de beneficio para lo Espíritu en lo celestial. Pero estamos seguros. Y aunque a veces dudamos de quienes somos en este lugar, tenemos la seguridad que nos podemos quedar; y aunque no somos del todo maduros, sabemos que estamos en camino hacia la madurez espiritual.

Reflejos en el Matrimonio

Queremos observar en estos segmentos de cada capítulo, siete reflejos de como nuestros matrimonios deben reflejar nuestra relación con Jesús. Es

25

un estudio de como esposos y esposas al relacionarse el uno con el otro son una imagen de Cristo y su inglesa en relación.

Esto no es con la intención de dar una tesis doctrinal sobre el matrimonio. Sino para dar inspiración que es gran necesitad. Tiene el propósito de inspirar a los matrimonios más que instruirlos. Cuando hay inspiración, las cosas avanzan. No es que hay algún problema con la doctrina. Por cierto, la doctrina es algo muy necesario. La doctrina provee el contexto básico para enseñarnos a como vivir. Por otro lado, la inspiración provee la motivación que hace este contexto realidad. De esto se tratan estas secciones. Las encontraras resumidas al fin de cada capítulo.

Este es el contexto bíblico de donde han sido inspiradas estos siete puntos: Efesios 5:21-28 (Traducido de la version **The Message** [El Mensaje] en ingles):

"Por respeto a Cristo, sean cortésmente reverentes el uno a otro. Esposas, comprendan y apoyen a sus esposos en formas que muestren su apoyo por Cristo. El esposo provea liderazgo a su esposa de la misma forma que Cristo lo hace con su iglesia, no al dominarla sino al apreciarla. Entonces de la misma forma que la iglesia se somete a Cristo mientras que el ejerce tal liderazgo, las esposas deberán igualmente someterse a sus esposos.

"Esposos, entréguense por completo en amor por sus esposas, de la misma forma que Cristo lo hizo por la iglesia—un amor caracterizado por el dar, no por el recibir. El amor de Cristo hace completa la iglesia. Sus palabras evocan su hermosura. Todo lo que Él hace y dice es con el propósito de sacar lo mejor de ella, vistiéndola de seda deslumbrante y blanca, radiante con santidad. Y esta es la forma en que los esposos deberán amar a sus esposas. En realidad se están haciendo un favor—porque ya son "uno" en matrimonio."

Aplicaciones para Parejas

Nuestra CONEXIÓN: ¡Su Felicidad!

Permíteme hablar de la forma en que el estar conectados le hacía feliz a Raquel. ¡Fue algo tan cerca de su corazón! Tengo gran presentimiento que es de igual valor para tu esposa, la madre de tus hijos.

R _elación_____ Esposos, más de lo que ella te ama a ti, ella ama esto.

C _onexión_____ ¡Comparte de ti mismo, o ni pienses en casarte!

T _____ Ella es modesta por fuera, pero su alma esta descubierta.

H _____ Permítele tener los que su corazón desee.

C _____ "Palabras tiernas, toque gentil, y una buena …

A _____ Compártelos. Lo de ella es tuyo.

F _____ Esto llega juntamente con el matrimonio.

Más M _____ Lo asombroso de todo ello.

El estar conectados obviamente tiene que ver con relación, pero es más especifico. Un sinónimo pudiera ser "el estar juntos." Raquel no quería una relación desconectada, pero una unida por los puntos comunes de conexión. Había ciertos puntos de conexión que nos atraían el uno del otro cuando nos conocimos, y nos mantuvieron unidos por más de veintiocho años. Descubrimos estas áreas de conexión por medio de la autorrevelación—una parte crítica del matrimonio. Para cualquier hombre que desea ser un esposo: Si no estás dispuesto a hablar de ti mismo, ¡ni consideres casarte! Durante todo nuestro matrimonio, cuando Raquel podía sentir estas conexiones, ¡la hacía muy feliz! Al ser una mujer, su sentir de conexión fue principalmente basado en su corazón, pero también deseaba conexiones espirituales, físicas, e intelectuales.

Nuestro mayor punto de conexión en el matrimonio fue nuestra fe común en Cristo. Ella se gozaba cuando orábamos y estudiábamos las Escrituras juntos, no solo de una forma ritualista y formal pero especialmente cuando fue sencillamente "alrededor-de-la-mesa" o "alcaminar- alrededor-de la-cuadra" de manera que solo entraba en la situación sin mucha algarabía. Ella apreciaba las mismas experiencias con nuestros hijos como una familia. Y, por supuesto, esta fue nuestra mejor conexión en términos de ministerio. Una de nuestras ultimas conexiones en ministerio juntos fue al guiar un hombre de 91 años a Cristo mientras paramos alrededor de su cama de hospital. Cuatro días antes de su muerte, también pudimos entregar 500 dólares a la casa de una familia con quien habíamos estado dando estudios bíblicos bilingües. Estas fueron experiencias espirituales que experimentamos juntos en las que pude conectar de una forma profunda con ella.

Aún como una mujer, ella apreciaba la conexión física. Ella prefería que estuviéramos en el mismo cuarto que en lados opuestos de la casa. Le gustaba sentarse cercas de mi en el sofá; me acuerdo de una vez que lastimé su espíritu cuando me moví de un lado al otro para tener más espacio. A ella le encantaba cuando la tomaba de la mano y la miraba a los ojos, o cuando simplemente la tomaba de la mano al orar. O, de la misma forma que ella apreciaba los abrazos de Dios cuando Él le mostraba un arcoíris, ella apreciaba cuando yo la abrazaba también. Y aunque por lo regular no era ella la que iniciaba nuestras conexiones sexuales, ella las recibía con gusto y las disfrutaba, comparándolas a la intimidad que tenemos con Cristo en pasajes cómo, "Cristo en ustedes, la esperanza de la gloria," y como el candelabro de oro en el libro de Apocalipsis donde dice que Cristo esta "en medio de" Su pueblo, cumpliendo Su propósito en ellos. Raquel apreciaba el hecho de que el matrimonio tipificaba las conexiones de Cristo con Su esposa, la iglesia.

Las conexiones intelectuales también eran importantes para ella. La más notable de ellas probablemente era nuestra perspectiva sobre los hijos— de que estuvieran recibidos con entusiasmo en nuestra familia, pero que nuestra familia no seria un hogar CENTRADO en los hijos. ¿Conectado con los niños? ¡Sí! ¿Centrado en ellos? ¡No! Entonces no fue de sorprenderse que estábamos de acuerdo en la forma de entrenar a nuestros hijos. También estábamos de común acuerdo sobre estilo de vida que debíamos llevar, el tipo de vecindad en que residiéramos, y como interactuar en la comunidad. También teníamos perspectivas intelectuales similares en áreas más marginales como la política. Entonces, aunque el encuentro de nuestras mentes no fue nuestra primera prioridad, fue un punto de conexión que le importaba a ella.

Conectados de corazón y en espíritu, conectados fisicamente e intelectualmente—en este orden—esto fue Raquel, mi esposa la madre de nuestros hijos. Ella vivía de estar conectados. ¡No es de sorprenderse que dolió tanto su partida!

La Edad de Responsabilidad

La Historia de Raquel

Raquel creció en la Iglesia Menonita de Freeport donde su bisabuelo Simon Graybill fue un ministro al principio de 1900 y donde su hermano Dave es el pastor actualmente. Ella estaba muy familiarizada con la iglesia y las actividades que se llevaban a cabo allí, y no fue sin conocimiento del ministerio y el cuidado pastoral que tomo el rol de la esposa de un pastor cuando fui ordenado en la Capilla de Northwood en Minnesota en el 2 de Enero, del 1990. Raquel fue bautizada el 7 de Julio, del 1969, a los trece años de edad. Una de las influencias más grandes en su vida en este tiempo fue su maestra de escuela dominical Dorthy Shelly. Raquel hablaba muy bien de Dorthy y de la influencia que ella tuvo en su vida en estos años. Cada domingo al concluir la clase de escuela dominical, Dorthy explicaba el plan de salvación y animaba a sus estudiantes a recibir a Cristo en sus corazones.

El domingo de la conversión de Raquel, el pastor dio una invitación especial al concluir su mensaje para que cualquiera que quisiera recibir a Cristo se pusiera de pie. Raquel se puso de pie y recuerda la forma en que su padre puso su brazo alrededor de ella. Después oraron juntos cuando ella pidió que Jesús entrara en su corazón y la hiciera una persona nueva, nacida de nuevo por el poder del Espíritu Santo. Desde ese día, la dirección y propósito de su vida fueron completamente nuevos.

Su Inspiración

Raquel tenia una forma de mantener a toda la familia con animo a través de los años. Aquí esta algo que ella mando por correo electrónico a todos los de la familia Schrader el 12 de marzo, del 2012, ocho meses antes de su muerte. Es un pasaje del libro de Joni Eareckson Tada, *A Place of Healing* [Un Lugar de Sanación].

Jack Reimer, un columnista sindicado, escribió una historia acerca del gran violinista Yitzhak Perlman. Perlman tuvo polio de niño y caminaba con muletas y abrazaderas en ambas piernas. En lugar de arreglar para poder estar ya sentado al principio de su ejecución, él prefiere caminar a travez del escenario de una forma metódica y lenta hasta llegar a su asiento. Luego se sienta, pone sus muletas en el piso, se quita las abrazaderas de sus piernas, se agacha, recoge su violín, asiente al conductor, y procede a tocar. Como Reimer lo describe, hay una cierta majestad en este rito.

Durante un concierto en el 1995, una cuerda del violín de Perlman trono de repente, y todos en la audiencia lo pudieron escuchar. El gran virtuoso paró y se fijo en la cuerda rota mientras los que estaban en la audiencia se preguntaban qué iba a hacer. Perlman cerro los ojos, y después de un momento de reflexión, dio la señal para que el director empezara de nuevo.

Y aunque cualquiera persona que conoce un poco de la música entiende que es imposible tocar una obra sinfónica con solamente tres cuerdas, Perlman estaba impertérrito. Aparentemente podías ver a este artista magnifico volviendo a componer la pieza de música en su mente mientras que la tocaba, inventando nuevas posiciones para sus dedos para extraer sonidos nunca antes oídos de su violín de tres cuerdas.

La audiencia sofisticada de Nueva York observaba y escuchaba con asombro, reconociendo que estaban presenciando una ejecución verdaderamente innovadora. Cuando la pieza fue terminada, la audiencia estallo en aplausos de aprecio. El Sr. Perlman sonrió, limpio el sudor de su frente, y dijo en un tono suave y reverente, "Sabes, a veces es el trabajo del artista el descubrir cuanta música puedes tocar con lo que te queda."

Esta es otra verdad que me permite seguir. No importando las cuerdas que estén rotas en nuestras vidas, si nos concentramos, si aplicamos lo que sabemos, aun podemos tocar música hermosa con lo que nos queda. De hecho, produciremos música que ningún otro puede tocar de la misma forma.

La Esposa de Cristo

Así como un niño que llega a la edad de la responsabilidad, tiene que hacerse personalmente responsable por sus pecados, de la misma forma tiene que haber un sentido de responsabilidad personal dentro del cuerpo corporativo de la iglesia en rendir cuentas por quienes somos, lo que creemos, y como nos comportamos. Es necesario que sigamos nutriendo este sentido de responsabilidad personal dentro de la iglesia a este nivel. La "edad de la responsabilidad" tiene que llegar para todos dentro de la iglesia si es que vamos a desarrollar iglesias maduras que se reproducen en nuestra cultura. Por cierto, es así para los niños mientras van creciendo. Ellos están acostumbrados a que sus padres dicten normas morales por ellos y qué les digan lo que es bueno y malo, pero llega un día cuando tienen que enfrentarse a sus propias conciencias y tomar responsabilidad por sus actitudes y acciones. Dentro del cuerpo de la iglesia, demasiadas personas estamos acostumbrados a que la iglesia nos dicte lo que debemos creer y cómo nos debemos comportar. Pero el día ha llegado en el que tenemos que adueñarnos de lo que creemos y las razones por ello. Y te dire que cuando el cuerpo de la iglesia—la Esposa de Cristo—adopta este nivel de contabilidad, ha llegado a un nuevo nivel de creencia, comportamiento, belleza, y efectividad en ambos, tanto en el evangelismo como en el discipulado.

Alguien ha dicho, "La contabilidad es cómo dar la preferencia en una encrucijada de calles; es algo que das, no es algo que tomas." Puede ser algo atemorizante en ambas de estas encrucijadas: la edad de responsabilidad para los niños y la edad de contabilidad para las iglesias. De la forma en que la gracia y misericordia inmerecida de Dios mantiene a los niños seguros antes de la edad de la responsabilidad y después de ello los entrega al trabajo del Espíritu Santo en sus vidas, así también las iglesias no deben permanecer encima de los miembros en la forma de que se mida toda aplicación de la Palabra de Dios para ellos, haciendo la parte de Dios en sus consciencias, e insistiendo que todos tienen que pensar y actuar como los demás. Es un temor demoniaco lo que impide que los padres permitan al Espíritu Santo el acceso a sus hijos, y aun más cuando las iglesias prohiben que sus miembros tengan su propia relación y contabilidad ante Dios. Cada generación tiene que luchar personalmente con los principios de verdad y aplicarlos en su día.

Con esto en mente, recuerdo una parte de la Escritura puesta estratégicamente en 1 Corintios 11, justo después de la enseñanza sobre el orden cabezal del velo y antes de la Cena del Señor, que he llegado a nombrar el versículo más "herético" en la Biblia.

El Versículo mas "Herético" en la Biblia

Después de escribir más de sesenta por ciento de su primera carta a los Corintios en un esfuerzo de corregir la herejía en la iglesia, parece ser que el escritor inspirado de la Biblia regresa sobre lo que dijo y sugiere que la tensión de la herejía es un ingrediente necesario. ¿Es esto lo que quiso decir en verdad? Investiguemos.

Tres preguntas que nos debiéramos hacer cada vez que nos topamos con un versículo que no entendemos son: 1) ¿Qué es lo que dice en verdad? 2) ¿Qué es lo que significa? y 3) Qué es lo que significa para nosotros hoy en día? Consideremos la pregunta más importante primero.

I. ¿QUE ES LO QUE DICE EN VERDAD? Aquí esta 1 Corintios 11:19 en tres versiones comúnmente veneradas:

RVA

19 *Porque preciso es que haya entre vosotros aun herejías, para que los que son probados se manifiesten entre vosotros.*

LBLA

19 *Porque es necesario que entre vosotros haya bandos, a fin de que se manifiesten entre vosotros los que son aprobados.*

NVI

19 *Sin duda, tiene que haber divisiones entre ustedes, para que se demuestre quiénes cuentan con la aprobación de Dios.*

A) DEFINICION DE "HEREJÍA."

1. Herejía = Una decisión, un partido, desunión, herejía

2. Herejía = Verdad a medias, verdad en aislamiento, verdad cercenado de verdad contraria.

3. Herejía = opinión obstinado que es sustituido por la sumisión al poder de la verdad; tales opiniones frecuentemente son el resultado de preferencia personal o la posibilidad de ventaja.

4. Herejías = disensiones procedentes de una diversidad de opiniones y objeEvos.

B) DEFINICIÓN DE "APROBACIÓN."

1. Aprobado = Aceptable, probado

"Porque cuando haya resistido la prueba, recibirá la corona de vida" Santiago 1:12

2. Aprobado = Aprobado de Dios

"Saludad a Apeles, aprobado en Cristo. Saludad a los de la casa de Aristóbulo." Rom. 16:10.

"Porque no es aprobado el que se alaba a sí mismo, sino aquel a quien Dios alaba. 2 Cor. 10:18.

"Procura con diligencia presentare a Dios aprobado … que usa bien la palabra de verdad." 2 Tim. 2:15.

C) DEFINICIÓN DE "MANIFIESTO"

1. Manifiesto = reluciente, evidente, público, externo, abierto (Strong's)

2. Manifiesto = abierto a la vista, visible, reluciente (Vine's)

II. ¿QUÉ ES LO QUE SIGNIFICA?

Ahora que terminamos el trabajo difícil de determinar lo que este versículo *dice,* hay que descubrir lo que *significa.* Al menos que sepamos su significado, no nos es de mucho provecho. Para poder descubrir lo que significa, tenemos que mirar el contexto en qué fue escrito. Al mirar el contexto, descubrimos siete puntos de importancia:

1) Se estaban congregando solo para ser divididos. Los cristianos de Corintio mas bien se hubieran quedado en casa y cada quien hecho lo que le parecía mejor si se iban a congregar solo para ser divididos y mantenerse alejados unos de otros, haciendo resaltar sus diferencias.

En nuestro celo para mantener pura nuestra doctrina, ¡nosotros como cristianos conservadores de seguido pasamos más tiempo enfatizando las cosas de las cuales estamos en contra en lugar de aquellas por las que estamos a *favor!* Pero no puede haber otra cosa más pura doctrinalmente que mantener nuestro enfoque en lo correcto, como platicamos en Capitulo 2: "Jesucristo y El crucificado." Pero tantas veces terminamos enfatizando todo menos esto. En lugar de unirnos alrededor de QUIEN tenemos en común, levantamos nuestras diferencias. No es que nunca haya lugar para discutir o aun debatir temas de doctrina y su importancia en formas practicas de nuestra vida, pero si al hacerlo, nos alabamos a nosotros mismos, y menospreciamos a los demás, nos hemos alineado con los fariseos y no con Jesús.

2) Eran autocomplacientes. Cada uno hacía lo que sentía bien para él y para los de su grupito, en lugar de controlarse a sí mismo para el beneficio de otros. La abnegación y deferencia para los demás parece ser un arte perdido dentro de los creyentes Norte Americanos de toda denominación. Deferencia para el "hermano más débil" es una señal de madurez espiritual pero do deberá ser confundido con capitulación a lo carnal. El hermano más débil es alguien de quien su salvación o su santificación esta en peligro. Una persona carnal es alguien quien sencillamente necesita que todo este como él o ella quiera para ser feliz. No estamos haciéndole un favor a nadie al permitir lo carnal o la inmadurez. Pablo desafiaba a los creyentes al decirles que en lugar de poder comer carne, solo podían sobrevivir con leche. Pero al mismo tiempo, debemos tener cuidado de no poner en peligro el andar de alguien con el Señor.

3) Los pobres (los vulnerables) eran desatendidos. No eran solamente las viudas que eran desatendidas, pero cualquiera que era vulnerable espiritualmente también lo iba a ser con tales distracciones. Bien recuerdo el gran pesar que experimentamos en una escena de iglesia en el pasado, cuando los pros y los contras del vello facial fueron hechos un asunto de importancia para un hombre recién convertido quien apenas se estaba recuperando de un divorcio reciente y estaba teniendo dificultad de mantener buenas relaciones con su pequeño hijo y dos hijas. No fue de sorprenderse que pronto su vida espiritual había terminado.

Aun ahora que voy pasando los cincuenta años, habiendo caminado con el Señor por cuarenta años y habiendo servido como pastor por veinticinco, he sentido un profundo pánico del espíritu cuando aun estoy lamentando la muerte de mi esposa, y buenos hermanos y hermanas empiezan en enfocarse en los detalles mientras que yo nada más estoy tratando de lograr pasar el día. Creo que no podemos enfatizar suficientemente lo importante que es el enfocarse en "Jesús, el autor y consumador de la fe" en lugar de fijarnos en los demás y detallar las pequeñas diferencias.

4) La forma en que hacían las cosas no era bueno—hubiera sido mejor que lo dejaran de hacer completamente. (v. 17). Esencialmente, Pablo aquí declara que hubiera sido mejor no hacer nada que hacer la cosa <u>correcta</u> de la forma <u>incorrecta.</u> Por supuesto que la mejor opción hubiera sido hacer la cosa <u>correcta</u> en la forma <u>correcta.</u> Recientemente, cuando prediqué de los principios de autoridad de los versículos 1-16 de este capitulo, declaré que seria mejor no poner en practica el uso del velo que representa sumisión, que hacer un espectáculo exterior de algo que no es verdadero en espíritu y forma de vivir. Es mejor que un esposo y esposa estén funcionando en conjunto en amor y respeto mutuo aun sin el valor del simbolismo del velo de la mujer, que estar practicando obstinadamente el símbolo pero sin la verdadera sustancia de la autoridad y sumisión deben ser llevados a la practica en sus vidas.

En Lucas 12:1, Jesús llamo hipocresía la levadura de los Fariseos. Y en Mateo 23, parece que ya estaba arto de sus practicas y sé los dice claramente con un contundente discurso de los siete "ays." "¡Ay de vosotros, escribas y fariseos—hipócritas!" Pam, pam, pam. Siete veces les dio directamente entre los ojos acerca de su religiosidad fingida.

5) Que las "herejías" (problemas) revelan la condición del corazón. Las herejías, o bandos, o grupos sectarios, por lo regular hacen más que cualquier otra cosa para revelar la verdadero condición del corazón. Es por esta razón que el Apóstol Pablo dice que "Es necesario." Hay verdadero valor en las tensiones que producen las herejías. Tienden a demostrar de lo que somos verdaderamente hechos. Yo he reprobado este examen. Pero siempre, aunque sea aprobado o desaprobado, estoy recordado de la necesidad de este ser probado. Extraño la habilidad de Raquel de checar la actitud de mi espíritu cuando estoy bajo presión. Ella siempre creía en mí y me miraba a mí para dirección constantemente en situaciones difíciles, pero a la vez, podía calificar mi espíritu en el proceso. Fue un beneficio mutuo que ambos podíamos experimentar en tiempos críticos que tuvimos juntos.

6) Siempre hay quienes son aprobados por Dios. A pesar de la gran cantidad de bufonada que puede ocurrir en el nombre de la verdad, la santidad, la doctrina verdadera, o desempeño correcto, siembre hay un remanente de personas que pueden mantenerse enfocados en toda circunstancia. ¡Gloria a Dios! "Jesucristo y El crucificado" tiene que ser nuestro ojo único.

Hace un par de años Raquel y yo estábamos volando con nuestros dos hijos menores a la casa de los padres de Raquel en Illinois para el Día de Acción de Gracias. En el aeropuerto de Minneapolis donde tuvimos una corta escala, había un hombre inquieto de mirada furtiva quien estaba agarrando su pase de Abordar de una forma torpe, y seguidas veces se le caía al suelo, el lo volvía a recoger, se sentaba en un asiento de la sala de espera, se volvía a levantar, caminaba de un lado a otro, dejaba caer su pase de bordar, miraba inquietamente a otras personas, se iba caminando rápidamente por el vestibulo, se paraba de repente y regresaba otra vez. Fue obvio que este muchacho estaba agitado, preocupado, y paranoico en relación a lo que debía estar haciendo y hacia dónde debió estar viajando. Varios de nosotros tratamos de hablar con él para ayudarle, pero nos hacia a un lado y seguía de la misma forma. Eventualmente todos abordamos el avión, y el hombre llego a su asiento. Cuando aterrizamos en Chicago, había familiares esperándolo quienes inmediatamente lo tomaron bajo su cuidado y todo estaba bien.

Algunos cristianos y algunas iglesias me recuerdan a este muchacho. Están agitados, preocupados de sus alrededores, y paranoicos de otras personas. De labios profesan el hecho de que contan en Jesús como su piloto, obviamente han escogido su aerolínea, y afirman que tienen el destino a la vista. Pero no pueden enfocarse en Cristo, constantemente son distraídos por los temores, y sospechan que todos los demás están buscando cómo aprovecharse de ellos de alguna forma. Pero, gracias al Señor, para cada cristiano inseguro, hay otros que están seguros en Cristo, pueden mantenerse enfocados, y pueden descansar en la aprobación de Cristo.

7) Los que son aprobados siempre serán dados a conocer. No nos debería sorprender que los que honran a Dios, Dios honrará. No es necesario que ellos alardean de sí mismos ni abuchen los que se les oponen. Todo lo que tienen que hacer es "procurar ser aprobados por Dios," y Él dará a conocer su aprobación. Esto no significa que nunca serán desafiados o hasta atacados por los que se sienten amenazados. Vivimos en un mundo caído y nuestras iglesias absorben algo del impacto, pero al final "Fiel es el que los llama, el cual también lo hará." (1 Tes. 5: 23-24). Dios es capaz de terminar lo que ha comenzado.

He vivido suficiente y experimentado suficientes criticas en mi vida para poder ver cómo la prueba del tiempo puede probar la fidelidad de Dios. Ahora lo considero una insignia de honor el ser señalado para oposición. Cada hombre de Dios a quien respeto ha sido singularizado en las mismas formas y muchas veces por los mismos oponentes. Estoy humillado en el hecho de que Dios me haya contado cómo digno de participar en los sufrimientos de Cristo. Si sigo Su ejemplo y trazo Sus pisadas en los vueltas y recodos confusos del laberinto de la vida, algún día escuchare su voz de bienvenida diciendo, "Entra en el gozo de tu Señor."

III. ¿QUÉ ES LO QUE SIGNIFICA PARA NOSOTROS?

Entonces, ¿qué significa todo esto para nosotros?

1) Debemos ser cuidadosos sobre causar divisiones y destacar diferencias. Nuestra posición en relación a los demás es muy, muy secundario. La verdadera pregunta es ¿Dónde estamos en relación a Dios? Entonces ¿Por qué tomar el tiempo para destacar mis diferencias en relación a otro, al menos que esté inseguro y me guste causar divisiones?

2) Debemos estar cautelosos por motivos carnales (opiniones obstinados). La mayoría de las razones que las personas usan para dividir son sencillamente estas: opiniones obstinados. Cuando lo que nos motiva es de un corazón puro, la mayoría de las diferencias—dentro del contexto de la Escritura—ni tienen importancia.

3) En Cristo somos uno solo—iguales, sin diferencias. Ninguna verdadera unidad es jamas posible sin un enfoque exclusivo en Cristo. Todo dentro del alcance periférico de lo que hacemos tiene que contribuir a un enfoque Cristo-centrico. Si no lo hace, es meramente una distracción y causará vista cruzada, confusión, y división.

4) Recuerda que el simple hecho de que "así siempre han sido las cosas" no lo hace correcto. Si "la forma que siempre han sido las cosas" esta equivocada, es incorrecto no importando qué tanto tiempo ha sido así. De hecho, ¡entre más tiempo que ha sido así, más incorrecto es! Cada generación tiene que luchar personalmente y aplicar los principios de verdad en su época.

5) ¡Es necesario examinar nuestros corazones! ¿Qué es lo que nos motiva? ¿Estamos anhelando el significado y seguridad personal? O ¿Estamos sometidos al "poder de la verdad," lo que seria lo opuesto a la definición de "herejía" en el Griego? ¿O estamos substituyendo esta sumisión al poder de la verdad con "opiniones obstinadas"?

6) ¡Se aprobado por Dios! Cuando Dios aprueba, no importa quién desaprueba. Y es interesante destacar que cuando lo seamos, también habrá bastante aprobación de los que han sido aprobados por Dios de la misma forma. Y los que no están aprobados por Dios nunca aprueban de los que sí lo están. Entonces, ¿Por qué preocuparnos por ellos? Busca la aprobación de Dios.

7) Este seguro de que la verdad permanecerá de pie. Pueda ser que no siempre será reconocido o apreciado por el hombre, pero sí permanecerá de pie. Y no tenemos que hacer algo para que siga así—solo lo hará, ¡porque es la verdad!

Entonces, que los verdaderos herejes se pongan de pie. Nunca lo harán. Pero los que son aprobados por Dios serán manifiestos. ¡Dios ayúdanos a descansar en Tu aprobación!

Reflejos en el Matrimonio

1. La Propuesta Divina (El Esposo)

LA SUSTANCIA ORIGINAL:

Cristo, quien se refleja en nosotros como esposos, establece Su iglesia. ¡No es de la forma contraria! "[Yo] edificaré mi iglesia" dijo Jesús (Mt. 16:18). "Porque nadie puede poner otro fundamento que el que está puesto, el cual es Jesucristo." (1 Cor. 3:11). "...siendo la principal piedra del ángulo Jesucristo mismo" (Ef. 2:20b). No fue la idea de cualquiera. ¡Fue la idea de Dios, y por Cristo fue algo bastante obvio! ¡¡ÉL la iba a edificar!!

EL REFLEJO:

El hombre afirma a su novia de bodas al casarse con ella. Antes de que te quejes en objeción, recuerda a quien representa el esposo: Cristo. Y la esposa representa a la iglesia. ¿Establece la iglesia a Cristo? No. No tiene sentido sin distorsión herética. Es al revés. El esposo le da nuevo significado y propósito a su existencia. Varias culturas tienen varias tradiciones, pero esta verdad se simboliza dentro de nuestra cultura cuando el esposo le da un nombre nuevo a su esposa. ¿Alguna vez te has preguntado de dónde viene esta tradición? Aquí esta:

"...Esto es ahora hueso de mis huesos y carne de mi carne; esta será llamada Varona, porque del varón fue tomada" (Gen. 2:23). Entonces Adan le da aun mayor significado a su mujer al darle otro nombre mas

personalizado. "*Y llamó Adán el nombre de su mujer, Eva, por cuanto ella era madre de todos los vivientes.*" *(Gen. 3:20).*

Aplicaciones para Parejas

Nuestra TRANSPARENCIA: ¡Su Felicidad!

Dr. Marlin Howe en su libro *Hope for the Family* [Esperanza para la Familia] dice que los hombres son descubiertos por fuera pero modestos en su interior mientras que las mujeres son modestas por fuera pero dejan su alma descubierta. Es por esto que los baños en los dormitorios de los hombres generalmente están completamente abiertas con solo unas regaderas saliendo de las paredes sin una cortina a la vista, pero los de las mujeres están todos divididos con cortinas individuales. Por el otro lado, las mujeres pueden sentarse alrededor de pequeñas mesas en Starbucks tomando lentamente su cafe y dando a otro una vista amplia de lo que esta en su interior, pero si le preguntas a un hombre compartir lo que siente por dentro, se avergüenza y se encierra.

R _elación_____ Esposos, más de lo que ella te ama a ti, ella ama esto.

C _onexión_____ ¡Comparte de ti mismo, o ni pienses en casarte!

T _ransparencia_ Ella es modesta por fuera, pero su alma esta descubierta.

H _____ Permítale tener las que su corazón desee.

C _____ "Palabras tiernas, toque gentil, y una buena …

A _____ Compártelos. Lo de ella es tuyo.

F _____ Esto llega juntamente con el matrimonio.

Más M _____ Lo asombroso de todo ello.

Raquel fue la persona más curiosa que jamas conocí. Tenía un deseo profundo para conocer aun los detalles más ordinarios de mi vida; ella quería conocer mis pensamientos y sentimientos mas íntimos en casi cada área de mi vida. Cuando compartía con transparencia de esta forma, la hacia sentir emocionalmente cerca de mí. ¡Esto la hacía feliz! Ella no quería saber los simples hechos; ella quería saber todos los detalles relevantes también. Al menos que tomara notas en el transcurso del día, aveces, me tomaba varias horas recordar, rebobinar, y compartir cada cosa de importancia a ella.

Entonces para que yo estuviera en la misma pagina que Raquel emocionalmente, tenia que ser transparente con ella. Por cierto, nuestras personalidades eran un poco distintas en este sentido porque aunque ella era mujer, tendía a ser más reservada que la mayoría de las mujeres, y aunque yo soy hombre, fui más transparente que la mayoría de los hombres. Esto funcionaba bien para nosotros la mayoría del tiempo, pero había veces en que me ganaba su curiosidad, y mi insensibilidad la hacia sentirse fuera de mi vida.

Aun recuerdo en nuestro primer año de matrimonio cuando levante una pared a lo que yo pensaba que eran demasiadas preguntas, y ella golpeo la mesa del comedor con su puño en su frustración. Empece a reír; no sabia que ella podía ser tan empática. Fue una temprana lección del matrimonio de que la curiosidad de mi esposa no provenía de ser habladora sino de un sincero deseo para conocerme en verdad desde adentro para afuera. ¡Entones es mejor que comparta abiertamente con ella!

Algunas novias de bodas están abiertamente enfocadas e infatuadas con ellas mismas. Estos son las condiciones en que cortejan sus novios y sus bodas reflejan lo mismo. ¡Todo gira alrededor de ellas! La llaman una boda cristiana porque se casan con un hombre cristiano, la boda se lleva a cabo en una iglesia cristiana, y pueda ser que ellas mismas sean cristianas, pero ellas ponen la agenda, ellas decidan el orden de los eventos, y están firmemente centradas como el punto de enfoque de todo el suceso. Con vestidos diáfanos, puede ser que pongan un espectáculo de transparencia, pero no es transparencia verdadera porque la mujer verdadera es modesta por fuera.

Raquel fue diferente. También veo a otras mujeres hoy día quienes en verdad tienen sus corazónes fijos en Cristo, y hacen su mejor esfuerzo de mantenerlo a Él como su punto de referencia céntrica. La verdadera transparencia de corazón y mente deletreaba una hermosa inocencia para Raquel que no se podía fingir. ¡Simplemente así *era!* Esto no solamente la hacia feliz a ella, sino que también estaba feliz el hombre que la encontró.

La Novia de Bodas en su Juventud

La Historia de Raquel

Una de las fotos mas hermosas que tengo de Raquel es de ella cuando tenía diecisiete años y estaba en el segundo grado de la preparatoria. Su cara muestra todas las características encantadoras de esta etapa de la vida: trenzas de cabello castaño, una sonrisa poco delineada, dientes brillantemente blancas, ojos marrones penetrantes, y lentes inclinados que eran de moda en los años setenta. Le divertiría mucho saber qué los compañeros de clase de su hija todos están usando este mismo tipo de lentes este año y están insistiendo que Kristi saque las viejas montaduras de su madre para mandar poner su propia graduación para estar a la moda.

Hablando de los diecisiete años de edad, Dr. Marlin Howe ha identificado los años 17 a 21 como la segunda oportunidad que tienen los padres con los hijos. La mayoría de los padres sienten que han fallado con sus hijos para el tiempo que llegan a la juventud, y que es un caso perdido; pero esto sencillamente no es cierto por varias razones. Para empezar, ¿cuál padre no se siente que ha fracasado en alguna entapa entre los pañales y la licencia de conducir? En segundo lugar, Howe dice que la mayoría de lo que los niños llegaron a ser en temperamento, perspectiva, y habito no esta del todo internalizado hasta entre los 17 y 21 años de edad. (Posiblemente es por esto que en tiempos pasados, los veintiún años fue el tiempo designado para llegar a ser aceptado como adulto.) Entonces si nosotros como padres no hemos ganado los corazones de nuestros hijos previamente, ¡hay una segunda oportunidad! Si nos humillamos, somos honestos con nuestros hijos acerca de nuestros problemas, y verdaderamente buscamos mejoría y desarrollo en nuestras propias vidas, entonces hay una gran oportunidad para volver a conectar con los corazones de nuestros hijos en los últimos años de su juventud. Pero si no podemos ser transparentes y humildes al hacerlo, entonces se perderá la oportunidad.

Por supuesto que en ultima instancia, nuestros hijos tienen que tomar responsabilidad personal también. Aún sin padres que se interesen por las cosas espirituales, jóvenes aún pueden llegar a recibir la gracia de Dios en sus vidas. Su poder puede vencer cualquier fuerza de desarrollo interno negativo que procede de su crianza, aunque las probabilidades están en su contra. Los jóvenes tienen que ser recordados de no poner mucha valor en sus emociones. En lugar de ello, tienen que confiar en la habilitación divina de Dios (la gracia) y "actuar" para llegar a nuevos sentimientos en lugar de "sentir" hasta lograr nuevas acciones.

Como lo es para la mayoría de los jóvenes, estos años de Raquel llegaron juntamente con tentaciones desconocidas a ella previamente. En conversaciones honestas con sus hijas a través de los años, les ha contado cómo la presión social como joven en la escuela, la llevó a enrollar sus vestidos en la cintura para hacerlos más cortos. No fue algo que le hubieran permitido hacer antes de salir de casa cada mañana, pero por lo menos podía acoplarse un poco mejor a lo que estaba de moda al llegar a la escuela. Otra distracción que tuvo en esos años fue un muchacho con quien salía a veces pero que después dejó porque él insis_a en que le dejara besarla. ¿Por qué insistia en ello? Ella nunca lo sabría. De hecho, esto fue algo muy inocente en comparación a los hechos comprometedores que hacían otras parejas, pero ella se sintió violada por él de todas formas. Y luego hubo otro pobre muchacho que se acuchillo las muñecas cuando ella se negó a salir con él. Los problemas en ese tiempo eran pequeños en comparación a los ambientes explícitos y la violencia abierta que está en las escuelas públicas de hoy, pero para ella fueron muy reales y proveyó una buena base para empezar a dialogar con sus hijas muchos años después.

Estas eran algunas áreas de vulnerabilidad que Raquel experimentó como joven, pero hubo muchas cosas buenas para ella en estos años también. Una de las mejores cosas que los padres de Raquel hicieron para ella fue llevar a la familia en viajes extendidos, visitando amigos y familiares en los estados de Indiana, Iowa, Pennsylvania, y por ultimo a Minnesota y luego a la parte norte de Ontario en Canada. Fue en uno de estos viajes al norte que su Suburban se descompuso un sábado por la tarde cercas de Grove City, Minnesota, un poco al occidente de Minneapolis. Por la providencia de Dios, no estaban lejos de los Helmuths, una familia Beachy Amish muy hospitalaria, en donde pudieron encontrar un espacio para estacionar su pequeño trailer de viajes en el que estaban acampando. Pasaron el fin de semana conociendo un grupo de personas completamente nuevos quienes no hubieran conocido de otra forma.

Tendemos a encoger los hombros a circunstancias de casualidad, pero este retraso cambio los planes para la familia Schrader en formas que cambió el resto de sus vidas. Finalmente los dirigió por el norte de Minnesota a Blackduck, una comunidad de vacaciones Menonita que fue recomendado por las personas de Grove City. El siguiente domingo por la mañana encontró a los siete hijos Schrader—Raquel, Miriam, Becky, Ruthanna, Daniel, David, y Timoteo—todos en fila al lado de sus padres en la banca de en frente de la Iglesia Menonita Kitchi Pines, que está situada de una forma romántica al lado de la Carretera Escénica a la mitad del camino en entre Blackduck and Cass Lake. He escuchado repetidamente la historia tantas veces a través de los años del espectáculo que fue visitar a una familia tan grande, con cuatro hijas hermosas y tres muchachos bien parecidos, y entraran a la iglesia en fila justo al empezar el servicio. Todos en la iglesia volteaban en sus asientos para ver si esta larga fila de hermanos atractivos iba a terminar. Es suficiente decir que allí fue donde Miriam encontró su primer esposo, Clovis Byler, y doce años después, cercas de Kitchi, su segundo esposo, Lester. Pero lo mas emocionante para mí, once años depuse de este entrada triunfal a Kitchi, es que aquí fue donde encontré a Raquel. Pero esa historia es para el capítulo nueve.

Su Inspiración

Las experiencias de la juventud de Raquel proveyeron una referencia de la que podría tomar para encaminar a sus hijos durante esta misma etapa de la vida. Siempre escogió identificarse con ellos en sus batallas personales, para responder en lugar de reaccionar, para buscar formar conexiones y formar relaciones con ellos sin una necesidad de comprobar que su punto de vista era correcta. Esto ganó los corazones de todos, pero especialmente a sus hijos en la etapa de la juventud. Esto se refleja un poco en un correo electrónico que envió a sus padres y hermanos con el _tulo, "Ya se va." Raquel escribió lo siguiente:

Carita expresó nuestros sentimientos tan adecuadamente: "Ya se va ... Marcel Witmer, el primero de los hijos Witmer para salir de casa. Se va para casarse con una mujer maravillosa, Krista Beiler, y empezar la vida con ella. Es interesante como uno puede sentir alegría y tristeza, ganancia y perdida por un solo acontecimiento. Dios es BUENO!"

¿No les molesta si soy un poco sentimental? Yo no sabía qué seria tan difícil. Me di cuenta hace tiempo, que cuando salen de casa es el fin de una etapa para mí. Luego vino Krista y empacaron las cosas de su cuarto antes de las dos semanas de Escuela Bíblica de verano y me impacto otra vez—él sí se va para no regresar esta vez. No tenía mucho tiempo para procesarlo con 30 o 40 personas alrededor de nosotros. Hoy puedo llorar.

Este verano él y sus hermanos escalaron la montaña Whitney e hicieron otras cosas por ultima vez. La semana pasada, Marcel y sus mejores amigos (Benji Mast y Michael Yoder) hicieron un viaje a Mexico, y esta semana están viajando hacia el este a través del Gran Cañon y el Parque Nacional de las Rocky Mountains y me di cuenta que juntamente con nuestros hijos, se van sus amigos a quienes hemos llegado a estimar mucho. Pero todo esto es bueno, y nos regocijamos en las decisiones que ellos han hecho y su deseo para seguir a Dios.

Entre tanto, escucho a Kristi practicando música de boda y estamos cosiendo ... estamos emocionados... un viaje para la convención de ABM y el re<ro de DNI este fin de semana.

La frase de hoy: (Mientras que estábamos parados en frente de la casa, Marcel y Asher estaban parados uno frente al otro.)

Asher: "¡Wow! En dos meses de hoy tú…"

Marcel con una sonrisa: "¡No te estaré viendo a ti!"

¡Aaa! Como extrañaremos verlos bromear juntos. En un mes lo volveremos a hacer cuando salga Carita.

Los amo a todos,

Raquel

Fotografía para nuestra Carta de Oración en 2010, tomado desde arriba del Estadio de los Dodgers.

La Esposa de Cristo

Hay siete relaciones principales que todos debemos tener para llegar a experimentar el plan completo que Dios tiene para nosotros. Dentro de estas relaciones, esta una fuente divina de gracia que nos permite no solo recibir la vida de Su Espíritu en nosotros, sino también llegar a ser cauces que otorguen vida a otros. Estas relaciones vivificantes están arraigadas en la eternidad pero tienen que ser edificadas desde abajo hacia arriba, llegando a tener más y más grande impacto, hasta llegar a proveer un embudo de relaciones que fluyen de regreso a Dios.

Relación #1: Jesús

Resultado: Salvación

La primera relación de importancia es la que tenemos con Jesús. Es la relación más básica que las personas pueden tener. ¡Jesús es una

Persona verdadera! Ademas, El ahora mora en el cielo donde esta preparando un lugar fantástico para que vayamos a vivir con Él para toda la eternidad. Pero aún con esta verdad que está más allá de lo que podamos imaginar, Él también sabe lo que es vivir aquí en la tierra—el experimentar la fatiga, la desilusión, el dolor emocional y físico, y toda otra experiencia humana que es posible en este mundo presente lleno de maldad. Entonces, aunque Jesús es Dios, Él también es humano y conoce todos nuestros caminos; Él fue tentado en la mismas formas que nosotros.

El tener esta relación con Jesús resulta en nuestra <u>salvación.</u> Esta relación es critica, porque para que nosotros podamos dar vida a otros, es necesario que tengamos Su VIDA en nosotros. Es necesario que hayamos nacido de nuevo de una forma que sobrepasa nuestro nacimiento físico. Tenemos que ser renacido espiritualmente a una relación viva con Jesucristo. Cuando Jesús estaba aquí en la tierra, Él dijo, "Yo soy el buen pastor; y conozco mis ovejas, y las mías me conocen" (Juan 10:14). Es reconfortante ser llamado una oveja porque son tan apacibles y obedientes, pero es aún más reconfortante saber que Jesús es nuestro Pastor. ¡Es una relación ganadora! También es alentador saber qué Jesús nos *conoce.* No somos simplemente un número en su agenda, sino que nos conoce personalmente, y es por esto que Él quiere que lo conozcamos también.

En versículo 15, Jesús procede a decir, "así como el Padre me conoce, y yo conozco al Padre; y pongo mi vida por las ovejas." Jesús tiene conexiones. ¡Grandes conexiones! Él conoce a Dios, y Dios le conoce a Él. Esto no es de sorprenderse, pues Jesús en realidad *es* Dios. ¡Pero lo que es verdaderamente asombroso es que el gran Dios-Hijo con conexiones de primera mano con Dios el Padre también quiere una conexión con nosotros! Y para llegar a tenerla, dio Su vida por nosotros, las ovejas. Él murió por nosotros. Él murió por nosotros para que no tuviéramos que morir por nuestros pecados que nos separan de Él. Entones, ¡en lugar de qué nosotros muriéramos, Él murió! No sé para ti, pero para mí este tipo de relación me deja asombrado. Donde Él que no tenía fallas propias, tomo sobre Sí todo mi pecado solo para arreglar la relación entre nosotros.

Relación #2: <u>Uno Mismo</u>

Resultado: SanFficación

El tener una relación saludable primeramente con Jesús pero también con nosotros mismos resulta en nuestra santificación personal. El Apóstol Pablo dice en 1 Tesalonicenses 5:23, "Y el mismo Dios de paz os santifique por completo; y todo vuestro ser, espíritu, alma y cuerpo, sea guardado irreprensible para la venida de nuestro Señor Jesucristo.." La **segunda** relación que cada uno de nosotros tenemos es el que tenemos con nosotros mismos. Muchas personas no piensan en esto—que tienen una relación con ellos mismos. Pero cuando nos ponemos a pensarlo, cada ser humano conoce la guerra que puede desarrollarse a veces entre nuestros espíritus, nuestras almas (mente, deseos, emociones), y nuestros cuerpos. Cuando entramos a la primera relación con Cristo, nuestros espíritus llegan a ser creaciones nuevas, pero el alma y los partes físicas de nosotros están iguales que antes de nuestra conversión. Es por esto que el crecimiento cristiano requiere solucionar conflictos internos los cuales están dentro de nosotros, antes de poder relacionarnos con otras personas y ministrarles a ellos de una forma segura.

La razón por la cual vemos una lista de cualidades necesarias para ancianos en la Biblia es porque se requiere de personas emocionalmente saludables y espiritualmente calificadas para mantener la credibilidad en los corazones y mentes de quienes necesitan liderar. La santificación personal valida el mensaje de Dios que se transmite por medio de nosotros. Por lo tanto, si intentamos relacionarnos con otros—y especialmente si tratamos de ayudar a otros— sin primeramente internalizar Su vida en santificación, podemos llegar a avergonzar terriblemente y dañar el Cuerpo de Cristo que debería ser Su Esposa hermosa.

Relación #3: <u>Familia</u>

Resultado: Sabiduría

Cada dinámica relacional que necesitamos para la vida y el ministerio vivificante puede ser desarrollado en la escuela del hogar. Las dinámicas de la familia son la **tercera** relación que todos necesitamos, porque estas dinámicas proveen sabiduría para vivir exitosamente y para funcionar en el ministerio hacia otros de una forma saludable y vivificante. El anciano Pablo le dijo a Timoteo que era menor, que un obispo cristiano debería ser uno "que gobierne bien su casa, que tenga a sus hijos en sujeción y con toda honestidad (pues el que no sabe gobernar su propia casa, ¿cómo podrá cuidar de la iglesia de Dios?)" (1 Tim. 3:4,5).

Raquel y yo tenemos cinco hijos. Antes de que llegaran nuestro hijos, yo pensaba que el rol de los padres era ayudarlos a crecer y madurar. He descubierto que esto es solamente en parte verdad. Ahora sé que el rol de los hijos require que los padres maduren también. No puedes ser egoísta y criar a hijos exitosamente. Los hijos nos enseñan cómo vivir para otros y cómo relacionarnos con personas de varias edades. A los bebés nos les importan los ingresos, los títulos, o la influencia. Ellos demandan nuestra atención y cuidado. Si lo retenemos, ellos nos castigarán.

Relación #4: <u>Amistades</u>

Resultado: Función

"El hierro se pule con el hierro, y el hombre se pule en el trato con su prójimo" (Prov. 27:17, RVC).

Cada familia, fraternidad, y hermandad exitosa facilita la formación de amistades dinámicas y vivificantes dentro de este cuerpo. Las amistades son la **cuarta** relación que todos necesitamos. Son especialmente significantes para los jóvenes. Cada ser humano anhela pertenecer, y dentro del seno de cada hombre o mujer joven arde la pregunta, "¿Estoy dentro?" Si se sienten seguros con la respuesta a esta pregunta, aprenden a <u>funcionar</u> en la vida.

Las amistades dentro del Cuerpo de Cristo son especialmente importantes porque son lo que mantiene juntos una hermandad. Cualquier demonio, por más débil que sea, podrá penetrar una estructura corporativa. Pero ningún demonio, por más fuerte que sea, podrá penetrar una amistad genuina. Las amistades fuertes y saludables nos hacen a todos más seguros, mas positivos, más productivos, y más efectivos de lo que jamas pudiéramos llegar a ser sin ellas. Producen una sinergia positiva que habilita la fortaleza.

Las amistades individuales, al igual que pequeños grupos de amigos, nos enseñan cómo funcionar en el llamado que Dios nos ha dado. De esta forma, la santidad que Dios está obrando en nuestras vidas es refinado de una forma practica. En pequeños grupos de creyentes, aprendemos cómo aplicar las lecciones que hemos aprendido en nuestra relación personal con Cristo y en nuestras relaciones familiares. Las amistades sinceras nos protegen de ser engañados o ilusos a la hipocresía.

Relación #5: Iglesia

Resultado: Interdependencia

"Y él mismo constituyó a unos, apóstoles; a otros, profetas; a otros, evangelistas; a otros, pastores y maestros, hasta que todos lleguemos a la unidad de la fe y del conocimiento del Hijo de Dios, a un varón perfecto, a la medida de la estatura de la plenitud de Cristo; para que ya no seamos niños fluctuantes, llevados por doquiera de todo viento de doctrina, por estratagema de hombres que para engañar emplean con astucia las artimañas del error, de quien todo el cuerpo, bien concertado y unido entre sí por todas las coyunturas que se ayudan mutuamente, según la actividad propia de cada miembro, recibe su crecimiento para ir edificándose en amor." (Ef. 4: 11, 13-14, 16).

Las iglesias locales son los almacenes de Dios donde conserva el poder dinámico. Cuando en verdad aprovechamos este recurso, el resultado es que empezamos a funcionar en el poder de la interdependencia. Es algo desde adentro hacia afuera, y no al revés. Por supuesto que todos crecemos con el tiempo. Pero la fuerza interdependiente es exactamente esto—"inter[na]," no "externa." Proviene de adentro y no puede ser meramente enmarcado o reforzado por una estructura externa. Las fachadas y las facsímiles sí lo pueden ser, pero ellos no son la sustancia verdadera. Interdependencia autentica nace de corazones auténticos alineadas en unidad. En 1 Corintios 12, la Biblia nos recuerda que somos un cuerpo de muchos miembros, quienes solamente podemos operar eficientemente cuando trabajamos juntos. Por medio de alabar, dar, aprender, y crecer juntos como un cuerpo local, nuestro impacto cumulativo incrementa dramáticamente. La oración unida, la fuerza económica, y estimulación mutuo nos llevan a formar un cuerpo local de cristianos capaces de cumplir tareas que sería imposible de otra forma.

Efesios 4:16 enfatiza el rol de las relaciones interdependientes dentro de la iglesia local cuando habla de que es "bien concertado y unido entre sí por todas las coyunturas que se ayudan mutuamente." Estas coyunturas de apoyo son las relaciones dentro del Cuerpo que lo ayudan a crecer, edificarse, y operar de una forma saludable. El plan de Dios para Su pueblo no puede ser cumplido al menos que nos reunamos localmente para que los apóstoles, profetas, evangelistas, pastores, y maestros puedan equiparnos para trabajar efectivamente en Su reino.

Relación #6: Comunidad

Resultado: Impulso

"Escribe al ángel de la iglesia en Éfeso, Esmirna, Pérgamo, Tiatira, Sardis, Filadelfia, y Laodicea" (Ap. 2:1,8,12,18; 3:1,7,14).

Dios nos llama a formar coaliciones de iglesias vivificantes con el fin de cumplir la Gran Comisión de Cristo a Sus discípulos. Al hacerlo podemos:

1. Orar por cada persona en nuestra comunidad al menos una vez al año.

2. Comunicar el Evangelio de una forma entendible a todas las personas en nuestra comunidad al menos una vez al año.

3. Agregar al menos un por ciento de la población de nuestra ciudad a los que asisten a la iglesia como promedio el fin de semana, para el fin de cada año.

Para nuestra ciudad de Los Angeles, un por ciento de 4,000,000 de personas significa un aumento de 40,000 personas que deberían ser alcanzadas y discipuladas dentro de las iglesias en toda la ciudad cada año. Si cada una de las 2,283 iglesias dentro de la ciudad discipularan a 17-18 personas, por la gracia de Dios estos 40,000 pudiera ser alcanzado fácilmente. Para una pequeña hermandad como la nuestra de 50-60 personas, esto seria al menos una alma salvado y discipulado cada uno o dos años. Esto es un gran éxito si tenemos un verdadero espíritu de comunidad entre nosotros. Pero si pensamos que somos la única iglesia verdadera, entonces pasaremos año tras año sin agregar ni una sola alma a este número. Para llegar a alcanzar estas metas, es necesario que todas las iglesias de la ciudad coordinen sus esfuerzos. Individualmente, ninguna iglesia pudiera cumplir esto por su propia cuenta.

De la misma forma que cada cristiano tiene que conectarse con otros en una iglesia local saludable para llegar a ser fuerte, las iglesias locales tienen que conectarse con otras iglesias locales para llegar a ser cada vez mas efectivas.

Relación #7: La Iglesia Universal

Resultado: Cumplimiento

"Después de esto miré, y he aquí una gran multitud, la cual nadie podía contar, de todas naciones y tribus y pueblos y lenguas, que estaban delante del trono y en la presencia del Cordero, vestidos de ropas blancas, y con palmas en las manos" (Ap. 7:9).

Finalmente, el conjunto de relaciones necesarias para facultarnos para el ministerio efectivo es la cadena de relaciones que nosotros como iglesias locales formamos para hacer posible actividades misioneras. Estos esfuerzos requieren que las iglesias locales tomen una porción de sus diezmos y lo usen estratégicamente para asegurar que cada persona viviendo en nuestra generación tenga la oportunidad de escuchar el Evangelio. Para cumplir esta tarea, es necesario que trabajemos en unidad con otros miembros del Cuerpo universal de Cristo en relaciones cada vez más amplias.

Al trabajar como miembros de la iglesia universal, la iglesia comunitaria, la iglesia local, pequeños grupos de amigos, y los parámetros de nuestras propias familias, vemos el cumplimiento del llamado de Jesús en nuestras vidas. Algunos argumentaran en contra de los varios niveles de las relaciones cada vez más fortalecedores. Sin embargo, yo creo que al recibir la revelación del Espíritu de Dios y las Escrituras acerca de nuestro propósito en Su reino, llega a ser evidente que cada una de estas relaciones son vitales para Su propósito y a la vez dependientes el uno sobre el otro. ¡Las relaciones no son opcionales para cualquiera de nosotros como cristianos! Las relaciones productivas y estimulantes hacen que el ministerio sea agradable y eficiente con un máximo alcance e impacto y son fundacionales para la edificación de una iglesia vivificante.

Reflejos en el Matrimonio

1. La Propuesta Divina (Novia de Bodas)

LA SUSTANCIA ORIGINAL:

La Iglesia como la Esposa de Cristo encuentra su satisfacción en Cristo. Sus miembros son el mismo cuerpo de Cristo. Aparte de los clubs sociales a que se han degradado algunas iglesias, la iglesia autentica esta totalmente absorta con su identidad en Cristo.

" ...somos miembros de su cuerpo, de su carne, y de sus huesos" (Ef. 5:30). Podemos razonar que los miembros de Cristo deberían estar siempre a Su servicio. Aquí en Norte America donde hay tanto materialismo, es algo difícil notar que la iglesia encuentra su satisfacción en Cristo, porque la mayoría del "éxito" se mide con ladrillos y mortero, personas y popularidad, o dólares y centavos. Pero aún aquí, esos creyentes que están obsesionados con su Salvador son los que en verdad viven vidas "apartadas para Dios" (Rom. 1.1; 12:2). Si hay algún motivo que nos lleva a estar apartados aparte de nuestra obsesión por el Señor, entonces lo que llamamos iglesia no es la Iglesia Verdadera. "¿Acaso no saben ustedes que sus cuerpos son miembros de Cristo? ¿Voy entonces a tomar los miembros de Cristo para hacerlos miembros de una prostituta? ¡De ninguna manera!" (1 Cor. 6:15, RVC).

EL REFLEJO:

La mujer encuentra satisfacción en su esposo. Obviamente las esposas cristianas encuentran su satisfacción primeramente en Cristo, al igual que los esposos cristianos, pero hay una satisfacción distintiva que las mujeres encuentran al complementar a sus esposos que corre en paralelo con la satisfacción distintiva que la iglesia encuentra al servir a Cristo. Otra vez, no nos olvidemos del tipo o imagen que representan las esposas en el matrimonio—la Iglesia.

"Mujer ejemplar, ¿dónde se hallará? ¡Vale más que las piedras preciosas! Su esposo puede confiar plenamente en ella y no le faltan ganancias. Ella no es un estorbo para él, sino una ayuda todos los días de su vida. Observa con cuidado lo que sucede en su casa, y no come el pan por el que no ha trabajado. Sus hijos se levantan y la bendicen, su esposo la alaba diciendo: «¡Hay muchas mujeres ejemplares, pero tú eres la mejor de todas!». ¡Alábenla por todo lo que ha hecho y públicamente reconozcan sus obras!" (Prov. 31:10-12,27-29,31; NBV).

Aplicaciones para Parejas

Nuestros HIJOS: ¡Su Felicidad!

Una gran parte de la felicidad de Raquel fueron sus hijos. Para ella no eran cosas con que jugar para su propia satisfacción, sino almas verdaderas y vivas en quienes encontraba profunda alegría. Recuerda, Raquel no se caso hasta los veintiocho años de edad, y nuestro primer hijo nació después de llegar a los treinta. Ella vivió varios años como adulta antes de experimentar el gozo de la maternidad. Pero aún así, ella no necesitaba que los hijos completaran algo en ella; ella los amaba por quienes *eran*, no por sí mismo.

R _elación_____ Más de lo que ella te ama a ti, ella ama esto.

C _onexión_____ ¡Comparte de ti mismo, o ni pienses en casarte!

T _ransparencia_ Recuerda, ella es modesta por fuera, pero su alma esta descubierta.

H _ijos_____ Permítele tener los que su corazón desee.

C _____ "Palabras tiernas, toque gentil, y una buena …

A _____ Compártelos. Lo de ella es tuyo.

F _____ Esto llega juntamente con el matrimonio.

Más M _____ Lo asombroso de todo ello.

Cuando hacía el bosquejo de estos siete elementos, no se me había ocurrido que el aspecto de su felicidad de los "hijos" estaría en el medio de la lista: con tres elementos antes, y tres después. Pero en verdad así fue para ella. Los hijos de Raquel eran céntricos a su felicidad.

Noten que no dije, "Dele cuantos su cuerpo pueda producir" sino "los que su corazón desee." Raquel estaba muy satisfecha con cinco. Ciertamente su corazón fue contristado por la mentalidad en contra de los hijos que prevalece en nuestra cultura, pero tenía una perspectiva precavida y estaba contenta con la forma en que Dios nos guió en ello. ¡Y en verdad que hubiera sido una abuela maravillosa! De alguna forma, aún pienso que es probable que ella conozca a cada uno de nuestros nietos antes que yo. Ella está con el Señor, sabes, y los hijos vienen de Él.

Sus hijos le traían mucho gozo, y cómo creía en las Escrituras, Raquel tomó en serio el entrenamiento de ellos. Proverbios 30:17 dice "A quien mira con desprecio a su padre y tiene en poco la enseñanza de la madre, ¡que los cuervos del valle le saque los ojos!, ¡que los aguiluchos se lo coman vivo!" (RVC) ¡Ella no quería que los cuervos le sacaran los ojos a sus hijos! Muchas veces las personas nos han preguntado a través de los años, "¿Cómo pudiste transferir tus valores a tus hijos?" Para ella, lo principal fue su relación con ellos. Ella educó a nuestros hijos en casa, y obviamente les enseño muchas otras cosas también, pero su gran influencia llego por medio de la relación que fomentaba con cada uno de ellos. Esto fue su ingenio, y ella lo amaba.

Asher y su madre.

Como los hijos de Raquel significaban el mundo para ella y eran la fuente de una parte tan grande de su felicidad, le alegraba mucho cuando yo me acercaba a ellos también—jugaba con ellos, leía con ellos, y tomaba tiempo para conversar por largos ratos con ellos. Por supuesto, lo hice porque yo también tengo un gran amor por mis hijos, pero el hacer feliz a mi esposa al mismo tiempo trajo valor exponencial para todos. Entonces yo les diría a cada esposo, "¡Ve y hazlo!" ¡Tu esposa te honrara!

En resumen, hay cuatro opciones básicas para las madres en la sociedad de hoy. Aquí los voy a listar en orden de mi preferencia. 1) Las que quieren quedarse en casa con sus hijos en lugar de salir a trabajar, y lo pueden hacer. 2) Las que quieren quedarse en casa con sus hijos en lugar de salir a trabajar, pero no pueden. 3) Las que no quieren quedarse en casa con sus hijos, y prefieren salir de casa para trabajar, y lo hacen. 4) Las que no quieren quedarse en casa con sus hijos y prefieren salir de casa para trabajar, pero no pueden. La mejor posibilidad es la primera, y es allí donde estaba Raquel como madre. Ella absolutamente adoraba su rol como ama de casa, entonces allí fue en donde escogió trabajar e invertir la mayoría de su tiempo. ¡Y ella fue uno de las madres más felices que el mundo jamás conoció!

Capítulo 6

Hermosa y Casi Madura

La Historia de Raquel

Desde el momento en que nació, Raquel poseía una belleza impactante que solo parecía aumentar al desarrollarse y madurar. ¡Yo sé, yo sé—soy imparcial! Pero cualquier persona quien la conoció o simplemente la vio, tiene que admitir que había algo naturalmente hermoso en ella. Ok, no lo tiene que admitir. ¡Pero es verdad! Y como dije en el primer capitulo, Yo lo sé porque sus hijas fueron "imágenes duplicadas" de ella a esta edad, como acostumbraba a decir la Tia Perla.

Es interesante notar que parte de su belleza fue el sentido de reserva que llevaba. Un poco tímida y vergonzosa, nunca estaba del todo seguro de lo que las personas pensaban de ella, y por lo tanto nunca estaba del todo seguro de lo que ella pensaba de ella misma o aún de ellos, por cierto. Esto la hacía algo misteriosa. En parte, fue este sentido de misterio que la hacía atractiva, pensaba yo. Con una sonrisa poco dispareja en su cara que la hacía verse sospechosa, el misterio fue completo. ¡Siempre estaba allí! En cada circunstancia, en cualquiera situación, aunque estuviera apresurada con el negocio en el hogar, descansando quietamente, o siendo transportada en el pequeño helicóptero que la llevo, y en el que momentos después su corazón latió por ultima vez, estaba el mismo sentido de mística, la misma timidez, la misma belleza.

Fotografía de la escuela en la secundaria

Es por esta razón que les es de sorpresa para muchos saber que esta es la señorita modesta y reservada quien se subió a una avioneta Cessna de un solo motor a los diecinueve años de edad y voló hacía el territorio enzarzado del norte de Ontario en Canada para enseñar a los niños de primero y segundo grado de la Escuela de Desarrollo de Poplar Hill. El lugar solo fue accesible por avioneta, y por seis a ocho semanas a la vez durante lo helado del otoño y la quebrada del hielo en la primavera, ni aún los aviones podían entrar ni salir. Tenían que usar pontones o esquís. Durante el tiempo en que el lago no fue ni agua ni hielo, pero una mezcla de los dos, todos los residentes de Poplar Hill estaban esencialmente aislados. (Esto fue, por supuesto, antes de los días de las antenas de celular, o aún de los teléfonos de cable allí en este territorio remoto.) No había correo electrónico. No había mensajes de Facebook. No había Skype. No había mensajes de texto. Solo estabas tú y el Señor y los que estaban a tu derredor, comunicándote con los de afuera por medio de la oración.

Ya había madurado, en gran parte, para entonces. Y estos tres años en el Norte llegarían a ser de formación significativa para ella. Su supervisora y mentora, Emma Huber, hablaría de una forma significativa a su corazón durante su tiempo de servicio voluntario (o servicio solitario, cómo pudo haber sido el caso) allí en el territorio boscoso del norte. Como fue una amante apasionada de su familia, Raquel llevaba a su Mamá, Papá, hermanos, y hermanas constantemente cercas de su corazón. Durante estos largos días de invierno en los que había pocas horas de luz del sol, la soledad que ella sintió fue aveces insoportable. Ella anhelaba un alma gemela con quien pudiera compartir su corazón y pensamientos. Fue en este campo fértil de amistad que la Sra. Huber pudo sembrar profundamente semillas de quieto contentamiento. Ella recordó a Raquel que nunca habría un Principe Azul quien pudiera suplir los anhelos más profundos de su corazón. El mantener a Jesús en primer lugar de su corazón fue el único antídoto verdadero para evitar una vida de aislamiento solitario.

Su Inspiración

Pero con el tiempo, el alma gemela de Raquel llegaría. Aquí esta lo que redacte para ella dos meses antes de pedirle que se casara conmigo:

RAQUEL (Día de San Valentin de 1984)

Si cantando estoy o aún tarareado; si leyendo estoy o escribiendo …

Más dulce el canto y la escritura más fina—si contigo estoy haciéndola.

Si a la iglesia voy, o de regreso estoy; si de caminata o en un carro Cutlass …

El viaje más bello, el camino más placentero—sí contigo estoy haciéndola.

Si lavando la losa o jugando un juego; y lo mismo si hago una pizza …

El tiempo vuela y es tan satisfactorio—sí contigo estoy haciéndola.

Al esquiar, o comprar, o a amigos visitar; Sea en el frío afuera o adentro …

Permíteme repetir que el tiempo que pasó—es tan placentero cuando estoy contigo.

Al estudiar, orar, o simplemente charlar; Aunque reímos o posiblemente lloremos …

Sí contigo Cariño, me hace feliz—Sí, me encanta contigo mi Amor!

La Esposa de Cristo

Entonces, ¿Cuándo es que está madura la iglesia? ¿Qué es lo que significa para la esposa de Cristo ser madura y hermosa? ¿Está bien que la Esposa de Cristo sea hermosa? ¿Cómo se ve una iglesia atractiva? ¿Y qué de ser madura? ¿Es posible que la iglesia sea madura y atractiva al mismo tiempo? ¿Es posible que sea lo uno o lo otro?

Consideremos un poco la madurez.

Hechos 9:31 dice, "Las iglesias entonces tenían paz por toda Judea y Galilea y Samaria, y eran edificadas, andando en el temor del Señor, y con consuelo del Espíritu Santo eran multiplicadas"(RVA). Aquí veo seis señales de madurez.

1. De Gran Alcance. Aquí se describe a la iglesia como ya habiendo alcanzado *"toda Judea y Galilea y Samaria."* Este comentario incluye barreras geográficas y culturales. Las personas llevaban el evangelio a varias regiones y a varios tipos de personas. Para decir que la iglesia existía en Judea era de esperarse, pero para ver qué se extendía entre los samaritanos no lo era. Muchos de los primeros creyentes eran étnicamente judíos, y no se asociaban con los samaritanos. Esto nos da la prueba de que tenemos que buscar aumentar los parámetros de la iglesia en este mundo a pesar de las diferencias culturales, étnicas, económicas, y sociales que existen. Nunca debemos dudar en superar los limites creados por el hombre al compartir el evangelio de Cristo.

Las iglesias maduras no están obsesionadas con ellas mismas. En lugar de ello se superan a sí mismas y van mas allá de ellas mismas con una perspectiva de largo alcance. En lugar de atiborrarse hasta la obesidad, buscan alcanzar a otros y son visionarias, mantienen condición con el ejercicio vigoroso del evangelismo. En el primer capítulo de Filipenses en la versión RVA, Pablo habla de que su persecución y encarcelamiento llevo al "provecho" del evangelio. La mayoría de los diccionarios del Griego definen la palabra "provecho" (πXXXXπX — prokopí) simplemente como progreso o avance. Pero Warren Wiersbe en su serie del "Ser" dice que es más que el mero progreso. Mas bien, en un empuje hacia adelante, progreso que penetra—del estilo que lo hacen los pioneros en las fronteras nuevas, o como el avance que hacen las tropas en una incursión militar.

2. La Paz. La Iglesias *"tenían paz."* Yo creo que este comentario explica ambos cómo vivían dentro de la cultura y cómo se trataban unos a otros. Considere por un momento, lo que significa para que dentro de la hermandad de la iglesia haya paz. Esto resulta cuando hay unidad entre la diversidad. Los participantes que buscan controlar a otros son vistos por lo que son, sean lideres o personas laicas. En lugar de buscar complacer con el simple comportamiento y una unidad artificial, debemos basar nuestra unidad en la idea de buscar alcanzar todo el mundo para Cristo, honrándole como Señor, y viviendo en Su presencia a diario como el amigo que Él declara que somos. Cuando esta es nuestra misión, entonces la unidad genuina es reconocida, la paz verdadera es alcanzada, y la madurez espiritual se da como resultado.

3. El Desarrollo. Este versículo también nos dice que las iglesias "eran edificadas." Las palabras en Griego que se usan en esta frase por lo regular son usadas en referencia a la construcción de una casa. La iglesia estaba creciendo y madurando. Las piezas correctas estaban siendo puestas en los lugares correctas. Fue una señal de que se estaba fortaleciendo la estructura, para que pudiera seguir una hermandad. El ministerio exterior fue acompañada del crecimiento interior. Para que una iglesia llegue a la madurez, se necesita el desarrollo interno y externo.

Como misioneros del evangelio debemos vernos como algo como andamios en un proyecto de construcción. Nuestra meta es desarrollar una estructura que puede permanecer de pie por su propia cuenta. Una vez que se logre esta meta, los andamios son quitados y son llevados al siguiente punto de construcción. Y cada uno de nosotros somos misioneros. No debemos vernos como trabajando a la larga. Estamos en movimiento. En realidad somos peregrinos. No somos ermitaños encerrados en un solo lugar, ni nómadas vagando de un lado a otro sin saber a dónde vamos. Somos misioneros peregrinos. Sabemos hacia dónde vamos, y sabemos lo que buscamos. En última instancia, estamos "esperando la ciudad que tiene fundamentos, cuyo arquitecto y constructor es Dios." (Hebreos 11:10).

4. La Santidad. Mientras que se desarrollaba la iglesia, estaba *"andando en el temor del Señor."* Me encanta esta frase porque señala la profundidad de lo que es vivir en santidad. Aunque la santidad incluye a la moralidad, esto no es la suma total de la santidad. Sino que la vida en santidad es un estilo de vida en que la reverencia de Dios va contigo en todo momento. La iglesia, como lo fue en aquellos tiempos, debe ser marcada por la santa presencia de Dios. Nuestro comportamiento va cambiando a medida que vemos lo diferente que es Dios de nosotros. En resumen, nuestra transformación por medio del evangelio significa que ya somos apartados para los propósitos del Señor y que experimentamos Su gozo a diario en el proceso.

La santidad y el vivir en el temor del Señor no deben crear una vida aburrida y sin gozo. Posiblemente es por esta razón que Pablo preguntó, "¿Dónde, pues, esta esa satisfacción que experimentabais?" (Gálatas 4:15). Una de las cosas más santas y maduras que podemos hacer es escoger la felicidad. Me acuerdo de nuestra vecina cuando vivíamos en International Falls, Minnesota, quien frecuentemente decía de casi cualquier día, "¡Si no es un buen día, entonces lo hago un buen día!" Seguramente esta debe ser la decisión del pueblo de Dios. Es fácil llegar a ser una iglesia que esta enfocada solamente en las tareas que cumplir y llegar a tener una mentalidad de solo cumplir y terminar tareas. Todo y todos pronto llegan a ser proyectos. Cualquier sentir de ligereza pronto desaparece. Debemos crear un pórtico de alabanza, otra vez el Apóstol Pablo nos instruye en Filipenses 4:4, "Regocijaos en el Señor siempre."

5. El Animo Mutuo. Al saber que todos somos llamados a la santidad, el animo mutuo llega a ser algo natural porque la iglesia vive *"con consuelo del Espíritu Santo."* Él mora dentro del creyente para que, como individuos y como una hermandad, podamos ser audaces en el ministerio y en la misión. En tu peor día, cuando parece que el mundo entero se está derrumbando sobre Ti, el Espíritu Santo tiene el deseo de consolarte. Cuando la vida en la iglesia esta en su punto mas difícil por causa de las tentaciones por fuera y problemas por dentro, el Espíritu Santo nunca nos abandona. El Dios del universo quiere fortalecer a la iglesia.

Los creyentes maduros en el cuerpo de Cristo no dependen en las circunstancias exteriores o las señales y maravillas visibles para su animo. En lugar de ello, ellos derivan su fortaleza del Espíritu Santo en el interior. El Rey David hizo esto una vez cuando estaba regresando con un grupo de sus hermanos hacia su lugar de retiro en Siclag, al sur del país de Judá (1 Samuel 30). Siclag fue para David el equivalente del Camp David para nuestros presidentes en Estados Unidos. Pero cuando David llegó allí, descubrió que los Amalecitas habían invadido el pueblo, quemándolo por completo y llevando cautivas a sus esposas e hijos.

Por razón apropiada, todo el grupo hizo luto y juntos, dice, "alzaron su voz y lloraron, hasta que les faltaron la fuerzas para llorar" (v. 4). Para empeorar la situación, el pueblo amenazaba con volverse en contra de el Rey David (aparentemente culpándole por sus problemas) y hablaban de apedrearlo. Por supuesto, David "se angustió mucho," pero también dice que él "se fortaleció en Jehová su Dios" (v. 6). Como resultado de la fuerza de esta fortaleza interior, David animo a sus compañeros para llevar a cabo un contraataque y derrotaron del todo a sus enemigos de Siclag, recuperando todo el botín que habían perdido, pero de mayor importancia, a cada una de sus esposas e hijos también (vs. 18-20).

Cercas del comienzo de mi tiempo en el ministerio, uno de mis supervisores decidió que yo necesitaba un asistente y trajo a un hombre que era del todo sin preparación por las dificultades de liderazgo en la iglesia. Estaba tan preocupado por lo que pensaran otros de él e intimidado por ellos paso la mayoría de su tiempo en una depresión, preguntándose porque estaba él allí. Tuve que pasar mucho de mi tiempo apoyándolo emocionalmente. Mi asistente no pudo asistirme. Todo por causa del su falta de madurez emocional para *fortalecerse en Jehová su Dios.*

6. El Crecimiento. Todo lo que hemos observado en esta sección, hasta ahora, nos lleva a ver lo que se describe ahora de que las iglesias *"eran multiplicadas."* Por medio del ministerio mutuo dentro de la iglesia, y por medio del ministerio para los de afuera, la iglesia creció. No debemos tener vergüenza sobre nuestro deseo de ver que la iglesia crezca en números. Es completamente bíblico que Dios quiere que más personas sean convertidas, más personas que experimenten la gracia, más personas ministrando, y entonces, aún más personas llegando a conocerlo como Salvador. La iglesia debe tener el mismo deseo y debemos trabajar con todo lo que tenemos para llegar a esta meta. Una marca de una iglesia que se acerca a la madurez es de qué esta enfocada en el Apo de ministerio que persuadirá a las personas a aceptar la verdad del evangelio y la hermosura de conocer a Cristo.

Pero repito, el crecimiento es interno y externo, en este orden. Cuando aumenta la calidad también aumenta la cantidad. Milton, un hermano joven en nuestra iglesia en Minnesota, acostumbraba a orar una oración tan bella allí. Fue una oración fundamental. Él oraba, "Señor, ayúdanos no solo a crecer en número, sino en gracia y madurez también." Al principio se me hacía incómodo, porque parecía que le ponía poca importancia a los números, y en mi Biblia dice que Dios no quiere que ninguno perezca. Pero entre más lo oraba, más reconocí lo importante que era esta oración, porque si no estamos creciendo por dentro, no vamos a poder tener éxito por fuera tampoco. Es posible que lleguemos a hacer algún tipo de espectáculo exterior, pero al menos que represente una calidad de carácter, personal y como un cuerpo, solo será "madera, heno, y hojarasca" (1 Cor. 3:12; 2 Tim. 2:20).

Reflejos en el Matrimonio

2. La Importancia de Salir (El Esposo)

La segunda cosa que notamos como un reflejo de Cristo en el matrimonio y Su relación con la iglesia es la importancia de *salir*.

LA SUSTANCIA ORIGINAL:

Cristo dejó el cielo para llegar a establecer Su iglesia. "Y aquel Verbo fue hecho carne, y habitó entre nosotros" (Jn. 1:14a).

Él estaba en su hogar en el cielo, era uno con la trinidad, con toda la eternidad a Sus pies. Pero lo dejó todo por amor ... para acoger la novia por quien daría su vida. "[Cristo] se despojó a sí mismo, tomando forma de siervo ... y estando en la condición de hombre, se humilló a sí mismo" (Flp. 2:7-8)

EL REFLEJO:

Los hombres también deben dejar la seguridad y las comodidades de su hogar y padres para poder casarse con su novia. "Por esto dejará el hombre a su padre y a su madre" (Ef. 5:31a).

Todo amor e interés anterior debe ser abandonado para poder mantener verdadera fidelidad—intereses de negocios que requieren de mucho tiempo, pasatiempos, y cualquier otra cosa que pudiera separar al hombre innecesariamente de su esposa. Cristo dejó todo por nosotros. Entonces, como esposos, debemos dejar todo atrás para poder darnos completamente a nuestras esposas.

Es por esto que la iglesia también tiene una responsabilidad de dejar muchas cosas atrás de la misma forma. Es la respuesta apropiada a Jesús y Su disposición de dejar el cielo por ella.

Aplicaciones para Parejas

Nuestra CONVERSACIÓN: ¡Su felicidad!

"Aférrate a las notas de la música de la vida ..." ¡Esta frase ejemplificaba la felicidad de Raquel en tantas maneras! No lo puedo recordar sin llorar a cantaros. Ella pidió específicamente que el canto "We Have This Moment" [Tenemos este momento] se cantara en nuestra recepción de bodas en Dakota, Illinois, que ya hace treinta años este otoño. Lo hemos cantado decenas de veces como una familia en los años desde entonces. Para Raquel, simplemente VIVIR era música, y aunque le encantaba alabar cada Navidad alrededor de la sublime cadencia de *Handel's Messiah,* fueron los simples cantos a diario que la movían aún más:

La risa de sus hijos al jugar,

Agarrados de las manos al correr por las praderas dulces y fragantes,

La pequeña voz de sus hijitas llamando,

Sus hijitos corriendo en la ladera de la montaña,

El azul del cielo, lo verde del bosque,

El dorado y café del heno recién cortado,

Y los tonos tenues de la primavera y el circo del otoño,

¡Y ella veía un día hermoso!

R _elación_____ Más de lo que ella te ama a ti, ella ama esto.

C _onexión_____ ¡Comparte de ti mismo, o ni pienses en casarte!

T _ransparencia_ Recuerda, ella es modesta por fuera, pero su alma esta descubierta.

H _ijos_____ Permítele tener los que su corazón desee.

C _onversación__ "Palabras tiernas, toque gentil, y una buena…

A _____ Comparte. Lo de ella es tuyo.

F _____ Esto llega juntamente con el matrimonio.

Más M _____ Lo asombroso de todo ello.

Centrado estratégicamente, la linea de en medio del canto lo decía todo para Raquel: "Palabras tiernas, toque gentil, y una buena…" Bill y Gloria Gaither habían escrito el canto "cup of coffee," [tazón de café] y Raquel ciertamente apreciaba el aroma de estas palabras, pero para ella, todo deletreaba CONVERSACIÓN. ¡Una buena conversación! Esto era su tipo de mundo. Platicas en pequeños grupos tomaban cercanamente el segundo lugar. A ella nunca le gustaba hablar en frente de grandes grupos de personas, aunque lo hacía aveces, y en particular no le gustaba estar en grandes aglomeraciones de personas de cualquier tipo. ¡Pero una conversación del corazón, con una sola persona era la corona de su felicidad!

Para la mayoría de las parejas, los hombres tienen que hablar más y aprender el arte de conversar. Pero para mí, tuve que aprender a cerrar mi boca. Porque, aunque Raquel no era una mujer de muchas palabras, ¡las palabras que hablaba, eran voluminosas! Y requiere de dos, como ya lo sabes, para tener una conversación. Yo tendía a emocionarme sobre algo que ella decía y empezaba a hablar mucho acerca de ello, pero antes de que me diera cuenta de ello, era un monólogo en lugar de un dialogo. Entonces aprendí a esparcir mis palabras con mucho cuidado—palabras que inquirían, mostraban interés, y usadas en el tiempo apropiado para que la animara a hablar en lugar de quitarle la palabra. ¡Oh, y qué conversaciones tan resonantes tendríamos entonces! Eran ladrillos que edificaban nuestra intimidad.

Entonces, para la mayoría de ustedes cómo esposos, podría que ser al revés. Es posible que tengas que aumentar un poco tus palabras. Pero ten animo, no tienen qué ser muchas palabras. Solo unas pocas palabras sinceras esparcidas de vez en cuando. ¡Tu esposa las NECESITA! Por favor dáselas. Tu inversión de palabras en conversación con tu cariño traerá grandes dividendos más allá de lo que jamas soñarías.

Capítulo 7

La Esposa de Cristo

La Historia de Raquel

Mucho antes de que Raquel fuera mi esposa, ella había llegado a ser la esposa de Cristo y estaba lealmente esperando el día de la boda eterna. Nunca pensamos que llegaría tan pronto, pero es así como era ella, la esposa de Cristo, completamente comprometida, con sus vestiduras de bodas puestas, esperando la cena nupcial, anhelando la consumación completa. Ella había aceptado Su invitación de amor para unirse a Él en Su vida y propósito por el cosmos. 1 Pedro 3:1-6 la describía bien:

"Así también ustedes, las esposas, respeten a sus esposos, a fin de que los que no creen en la palabra, puedan ser ganados más por la conducta de ustedes que por sus palabras, cuando ellos vean su conducta casta y respetuosa. Que la belleza de ustedes no dependa de lo externo, es decir, de peinados ostentosos, adornos de oro o vestidos lujosos, sino de lo interno, del corazón, de la belleza incorruptible de un espíritu cariñoso y sereno, pues este tipo de belleza es muy valorada por Dios. Porque así era la belleza de aquellas santas mujeres que en los tiempos antiguos esperaban en Dios y mostraban respeto por sus esposos. Por ejemplo, Sara obedecía a Abraham y lo llamaba señor. Y ustedes son sus hijas, si hacen el bien y viven libres de temor"(RVC).

Ella puso su confianza en Dios, en Cristo su Esposo espiritual. Ella le pertenecía a Él, no había duda. Ella no necesitaba que yo le diera significado y propósito en la vida. Ella ya le pertenecía a ALGUIEN, y estaba descansando en esta verdad. Si yo hubiera sido incrédulo, no hubiera durado mucho tiempo así, porque su disposición piadosa me hablaba de forma voluminosa. Su vida pura y reverente me hubieran ganado por Cristo. Ella no necesitaba un peinado elegante, joyería costosa, o ropa espléndida para atraerme. Obviamente para mi su belleza natural fue de ayuda, pero aún si yo hubiese sido ciego y sordo me hubiera atraído su espíritu, una calidad interior que procedía de lo profundo de su alma, la belleza incorruptible de un espíritu cariñoso y sereno, muy valorada por Dios.

Ahora mujeres, por favor no se sientan inferiores a Raquel. Ella no fue perfecta. Ella no era siempre cariñosa y serena. Hubo tiempos en que trataba de usar la influencia de sus palabras y la fuerza de su voluntad sobre la mía, y aveces sí lograba obtener mi atención con ello. Una vez le pego a la mesa del comedor con tanta fuerza que derribo el salero, solo para demostrar que tenía la razón. Pero su persuasión más poderosa venía del profundo interior de su ser—una reverencia apasionada y leal para Dios que ella permiaa que me impactara a mí también. Ciertamente fue una verdadera hija de Sara. Pero ciertamente no fue perfecta. Entonces no se sienta inferior. Verdadera piedad en una novia de bodas no se trata tanto de la perfección como de la pasión— un corazón apasionada por su Novio de Bodas.

La traducción de la Reyna Valera 1960 de 1 Pedro 3:3 dice, "Vuestro **atavío** no sea el externo." Según el Léxico de Strong del Griego, la palabra atavío es *kósmos,* que significa "un sistema completa, ordenada, y armoniosa." Como hombres tendemos a ser mas planetarios en nuestra postura a la vida. De hecho, somos tan singulares y desconectados que parecemos errantes y erráticos aveces. Pero para una mujer, es como el cosmos—todo ligado y relacionado con lo demás. Cada pieza de su mundo afecta a todo lo demás. Para muchos de nosotros como hombres, si los colores de nuestra ropa no combinan, no nos es de mucha importancia, pero para la mayoría de las mujeres, tienen que estar combinadas. No solo la ropa, pero su cabello, la complexión de su piel, y el estilo de su bolsillo, monedero, o bolso. Su cosmos aun incluye su hogar: el color de las paredes, los muebles, arreglos de flores, y si las puertas del armario en sucuarto están completamente cerradas o no. Todo lo que le importa a un hombre es su propio planeta, y posiblemente ni esto. Pero las mujeres son consientes del cosmos. Todo

importa para ellas.

Nuestro aniversario de 25 años (foto tomada por nuestros hijos con planes secretos para hacerle un boceto de lápiz a blanco y negro).

Cuando el Espíritu Santo estaba inspirando las Escrituras, le advirtió a las mujeres sobre su cosmos. El inspiró a Pedro para escribir que el cosmos interior es mas importante que el exterior, que el verdadero adorno es en el orden de adentro hacia afuera, y que si el espíritu es hermoso, el cuerpo también lo será, sin necesidad de maquillaje artificial, hecho por el hombre. "Pues el hombre mira lo que esta delante de sus ojos, pero Jehová mira el corazón." (1 Samuel 16:7). Este fue el enfoque de Raquel, y enseño a sus hijas lo mismo. Estaba comprometida con Cristo de tal forma que juntó todo sus cosmos con tal compostura que se veía hermosa aún cuando estaba cansada, enferma, o recién levantada por la mañana. Es por esto que cuando vi su cuerpo por primera vez después de haber muerto, no fueron los tubos que salían de su nariz y boca ni sus heridas físicas que me incomodaban—fue que su espíritu ya no estaba. ¡Ella había dejado de ser mi esposa, para llegar a ser la esposa de Cristo para siempre!

Su Inspiración

Descubierto recientemente en mi historial de correo electrónico, estaba este recordatorio alentador de la admiración y apoyo de Raquel que se expresó como respuesta a un correo de Juan Ivan Byler, al principio de agosto del 2012, tres meses antes de que la perdiera. Juan Ivan es el secretario de la Alianza Bíblica Menonita por el que me pidieron que compartiera un mensaje en la convención anual del verano. Una de las cosas que los lideres de la convención hacen para los que comparten allí es ofrecer criticas de sus mensajes para ayudarlos a mejorar. Yo solicité recibir estas criticas porque siempre estoy abierto a criticas constructivas. Raquel había encontrado algunas de las críticas un poco triviales, particularmente el de poner y quitar mis lentes de lectura demasiadas veces al hablar. Entonces cuando recibí este correo de animo del hermano Juan Ivan, se lo reenvié a ella tanto para su animo como el mío. Puedes seguir la conversación del correo abajo, empezando con su respuesta hacia mi:

---------- Mensaje Original ----------

De: Raquel Witmer rhwitmer@hotmail.com

Para: Ernesto Witmer ernestwitmer@juno.com

Asunto: RE: ¡Gracias por el mensaje!

Fecha: Martes, 7 Ago 2012 11:57:40 -0500

¡Qué mensaje tan alentador! ¡Eres el MEJOR! :-)

—Archivo de Correo Reenviado—

De: jibyler@hotmail.com

Para: Ernestwitmer@juno.com

Asunto: ¡Gracias por el mensaje!

Fecha: Lunes, 6 Ago 2012 19:24:44 -0400

Alianza Bíblica Menonita

Agosto 4, 2012

Estimado Hermano Ernesto,

Hace una semana la ABM estaba reunida en Harrisonburg, Virginia, para nuestra convención anual, un tiempo de refrigerio, compañerismo, renovación de amistades, aportación y desako espiritual para todos los que asisten. Cumpliste un rol importante en esta reunión como predicar sobre "¿Cómo se Lleva a Cabo la Transformación?" el sábado por la tarde. Apreciamos tu disposición de preparar y compartir para poder bendecir y desafiar a nuestras iglesias de una forma espiritual. De parte del hermano Todd, el consejo de la Alianza, y la Alianza completa, comparto nuestra gratitud sincera por su ministerio en el Señor y hacia nosotros. Noté muchas evaluaciones positivas de su mensaje en los formularios de evaluaciones que se entregaron. ¡Gracias a Dios por Su palabra y Su mensajero!

¡Que Dios te bendiga a ti y a tu labor en Su Iglesia!

"Así que, hermanos míos amados, estad firmes y constantes, creciendo en la obra del Señor siempre, sabiendo que vuestro trabajo en el Señor no es en vano." 1 Cor. 15:58 RVR 1960

Sinceramente en Cristo,

Juan Ivan Byler

Secretario Administra=vo del ABM

Apreciaba la respuesta de Raquel mucho mas aún que el de Juan Ivan y lo mantuve cerca de mi corazón por varias semanas. Tres meses después, ella se había ido, para nunca más proveer aliento tan viviente para mí. ¡Pero sus palabras siguen en el museo de mi memoria como una inspiración indecible!

La Esposa de Cristo

Mi experiencia con Raquel como mi esposa me ha enseñado mucho acerca de lo que la Esposa de Cristo, la iglesia, debería ser. Voy a enumerar diez cosas para empezar, empezando desde abajo con el número diez y subiendo hasta el número uno:

10. Ella fue hermosa. Este fue el resultado final de quien era Raquel, no el principio. Sin las cualidades interiores que la hacían verdaderamente hermosa, hubiera podido parecer como si se hubiera hecho en Hollywood pero aun así estar tan fea como un poste curtido. Es así con la iglesia; puedes tener todo "correcto" por fuera pero estar totalmente sin vida por dentro, que resulta en una apariencia muy desagradable. Pero se requiere vida para reconocer la vida. Un cuerpo muerto puede estar acostado a un lado de otro cuerpo muerto para siempre y nunca reconocerlo por lo que es. Es por esto que no hay conflictos en los cementerios. Pero si estás verdaderamente vivo, sabes la diferencia. Un cuerpo vivo te dará energía, pero un cuerpo muerto dará un sentir de repugnancia.

9. Ella fue sabia. Raquel tenía el don de discernimiento. Ella podía ver a través de las cosas más que cualquier otra persona que conozca. Ella podía ver dentro de mí, ella podía ver dentro de sus hijos, ella podía ver dentro de otras mujeres, ella podía ver dentro de los adolescentes, y ella podía ver lo que estaba detrás de la mayoría de lo que se lleva a cabo en el nombre de la iglesia. La razón por la que podía hacer esto fue porque estaba dispuesta a examinarse a sí misma, para ver dentro de ella misma por medio de ser transparente con otros. Y otra vez, la verdadera iglesia es igual. Es poseída con intuiciones del Espíritu Santo. La verdadera iglesia esta conectada con la realidad. No está viviendo en un mundo de sueños del que desea que fuera verdad, sino que acepta al mundo como es y trae a todos y todo a Jesús porque Él es la suma total de lo que es real y verdadero. Efesios 4:21 dice, " …la verdad está en Jesús"(NBV). La verdadera iglesia tiene una habilidad humilde y transparente de poder ser verídica consigo misma, para evaluarse a sí misma, para determinar si en verdad está representando lo que profesa representar.

8. Ella fue misericordiosa. No hay nada que tuviera una parte más grande en el impacto maravilloso que Raquel tuvo en mi vida por más de veintiocho años. Ciertamente podía verme hasta dentro, pero lo hacía con un corazón de misericordia. Ella sabía que mis fallas no eran lo que yo deseaba en mi vida, y por lo tanto no permitió que ellas me definieran para ella. Sino que me vio a la luz de lo que lo que *quería* ser y quién *podía* ser en Cristo. Salmo 85:10 dice, "La misericordia y la verdad se encontraron; La justicia y la paz se besaron." Este es un pareado imperativo. La misericordia sin la verdad no es misericordia de verdad; la paz sin la justicia no resultara en paz verdadera. De la misma forma, verdad sin misericordia no es realmente verdad. Porque la verdad es que todos pueden llegar a ser exactamente lo que deberían ser en Cristo. Y la verdadera justicia produce la paz. Si no lo hace, en realidad no es justicia. Es así como debe ser la iglesia también.

7. Raquel fue practica. Aunque ella fue idealista, ella sabía que si no era feliz al menos que las cosas fueran perfectas, nunca sería feliz. Como su esposo de muchos años, estoy muy agradecido de que fuera practica conmigo. Ella sabía que no podía estar casada con un hombre que estaba llamado a servir a Dios y esperar que solo le sirviera a ella, y por lo tanto me dio la libertad de poner a Dios primero, sabiendo que el resultado práctico la beneficiaría a ella también, porque Dios tiene mucho que decir acerca de como un hombre debe servir a su esposa. Lo mismo es cierto con la iglesia. Como iglesias tenemos que llamar a la gente a una relación llena y dinámica con Jesucristo, sabiendo que en realidad no hay otra forma de que beneficien a la iglesia. Pero sí ponemos su relación con la iglesia antes de su relación con Cristo, no solo los dañamos a ellos, pero como iglesia nos estamos disparando a los pies.

6. Raquel fue idealista. Aunque ella fue práctica, sabía que necesitaba un ideal hacia que apuntar. Sin una meta, sabía que nunca podría hacer progreso. Entonces contemplaba metas elevadas que la dirigían a través de la vida. Hace tiempo yo la molestaba por hacer tantas listas, pero ella respondía que yo pudiera estar más organizado si me hacía una lista también. Mi respuesta fue que yo tenía una lista en la mente. Pero ya sabes cómo es con eso—entre más ocupado estés lo más difícil que es recordar todo lo que esta en tu lista. Las iglesias, también, necesitan ideales hacia que trabajar. Por supuesto que nuestro ideal más grande es Jesús. Porque no somos exactamente como Él hoy, ni estaremos completamente com Él mañana, nos ayuda bastante si mantenemos el enfoque en Él como nuestro ideal perfecto. Y lo mismo con las Escrituras: deseamos obedecer toda la Palabra de Dios. Es nuestro estándar. Al menos que lo apreciemos como algo valioso para obedecer, nunca experimentaremos su valor eterno.

5. Raquel era <u>ordenada.</u> No solo era ordenada en su forma de cuidarse a ella misma, sino que también lo era como ama de casa. Pero a la vez, no se obsesionaba con estas cosas; solamente las mantenía en balance. Ella tenía una rutina, y hacía buen trabajo en mantenerla. A ella le encantaba acostarse a buena hora y levantarse temprano. Una de las primeras cosas que ella hacía por la mañana era leer su Biblia. Aunque no la pusiera en un "alto" espiritual inmediatamente, ella fielmente pasaba tiempo con el Señor simplemente porque lo amaba. Muchas iglesias piensan que es importante tener una teología sistemática, pero se olvidan de una relación simpática con Jesucristo—no en el sentido de sentir lastima el uno por el otro, aunque esto ciertamente caracteriza como Jesús se siente hacia nosotros en nuestras batallas, pero más en el sentido de estar en una relación afable con Él. Él anhela tener una relación vital con nosotros, entonces como iglesias, esto debe importar aún más que tener todos nuestros "patos teológicos" bien ordenados.

4. Raquel fue <u>cautelosa.</u> No había nada impulsivo en su forma de ser. Yo fui al que le gustaba tomar riesgos en nuestra relación. Ella consideraba bien las cosas y llegaba a conclusiones balanceadas. Es por esto que parece tan extraño que haya fallecido en un accidente de carro al salir enfrente de una camioneta. El simple hecho de que vivía una vida apropiadamente cautelosa lleva a todos los que la conocieran a saber sin duda que tuvo que haber habido circunstancias atenuantes. La iglesia de Cristo nunca debe ser vista como imprudente. Debemos ser cuidadosos y considerados en la forma que tratamos con los demás, y también debemos ser cautelosos en la forma que manejamos la Palabra de Dios. No debemos hacer que diga más de lo que dice, ni menos. "Por tanto, tengan cuidado como andan; no como insensatos sino como sabios, aprovechando bien el tiempo" (Efe. 5:15-16 NBLA). También debemos tomar decisiones muy consciente al formar relaciones redentoras con los incrédulos.

3. Raquel fue una <u>sierva.</u> Su primer lenguaje de amor fue "Tiempo de Calidad," pero su segundo fue "Obras de Servicio." La segunda forma de más importancia para mí para amarla fue el poder encontrar alguna forma como servir sus intereses. De la misma forma, uno de las mejores maneras que ella encontraba si quería expresar su amor para mí o para otra persona, fue para proveer algún servicio práctico para

nosotros. Ella fue la hacedora de muchas buenas obras. No por una obligación que cumplir, sino de la sinceridad de su corazón. Debe ser sin necesidad de decirlo, de que una de las mejores cosas que una iglesia puede hacer es servir a otros. Demasiadas veces las iglesias se enfocan en lo que la gente debería creer o no debería creer. Pero en lugar de ello, las iglesias deberían enfocarse en lo que las personas necesitan y luego buscar la forma de suplir estas necesidades practicas en el contexto del Evangelio. Algunas de sus necesidades son materiales. Otras son emocionales, o filiales, o sociales. Por supuesto, ellos tienen necesidades espirituales, pero muchas veces no sienten estas necesidades espirituales hasta que los niveles más bajos de los necesidades que sienten sean suplidas.

2. Raquel fue una <u>amiga.</u> Su lenguaje de amor primario fue "Tiempo de Calidad," y ella amaba pasar tiempo con personas que le importaban. Ella amaba pasar tiempo conmigo. Ella amaba pasar tiempo con sus hijos. Ella amaba pasar tiempo con sus amigas. Y el tiempo que pasaba con ellos era tiempo de calidad. A ella no le interesaba desperdiciar el tiempo como si no tuviera importancia. Ella se esmeraba por pasar tiempos significativos con ellos. Entonces para la iglesia; no hay razón de solamente pasar por las mociones de tener culto. Hay que hacer cosas verdaderamente significativas juntos. Adoremos sinceramente y apasionadamente. Sirvamonos con esmero y bondad. Consideremonos profundamente uno a los otros para conocer lo que les interese en verdad y como "rascar en donde le de comezón." Y luego extendamos lo mismo a otros de la comunidad que tal vez y no sean parte de nuestra hermandad.

1. Raquel fue una <u>amante.</u> Antes de cualquier otra cosa, Raquel fue el amor de mi vida. Nos amamos el uno al otro, y es asombroso como crece el amor mutuo. Cuando primero decidí buscarla en el cortejo, expresé en términos muy elementales mi amor (interés) en ella. Cuando ella respondió favorablemente, me hizo que la amara aún más. Cuando ella respondió a mi aumento de amor, mi amor por ella siguió haciéndose cada vez más profundo hasta que decidí casarme con ella. Es de esta forma que funciona el amor. En la iglesia, tenemos que recordar que tan poderoso es el amor genuino. Es el principio de todas las otras virtudes. Entre más nos amamos el uno al otro, más nos

amamos el uno al otro. Amamos a Jesús porque Él nos amo primero. Es lo mismo en la iglesia. Nos amamos los unos a los otros porque nos sentimos amados por los demás. Entonces, no importando qué más sucede, ¡asegurémonos de que otros sientan nuestro amor!

Reflejos en el Matrimonio

2. La Importancia de Salir (La Esposa)

LA SUSTANCIA ORIGINAL:

La iglesia tiene que salir del mundo.

"Y no adopten las costumbres de este mundo, sino transfórmense por medio de la renovación de su mente" (Rom. 12:2a RVC).

"No amen al mundo, ni las cosas que están en el mundo" (1 Jn. 2:15a RVC).

No se debe hacer por obligación. ¡Es igualmente extraño pensar que la iglesia de almas rescatadas tendría algún deseo por las cosas de las que fue rescatada!

En representación de esto, hay necesidad de que la novia comprometida decida salir también. ¿Qué novio desea una novia que viene arrastrando los pies al altar? Si eres un novio de bodas, puedes imaginarte casándote con alguien que en realidad prefiere quedarse en casa donde estaban antes?

EL REFLEJO:

Si una mujer se casa, tiene que dejar padres y familia. Esto incluye aprender a confiar en las decisiones de su esposo, en lugar de retroceder a los de su familia. Incluye aprendiendo a apreciar su consejo y opiniones y aprendiendo a depender de él emocionalmente. Como lo es para el esposo, así también es para la esposa—todos los amores y sueños anteriores tienen que ser abandonados para poder ser un fiel amante y compañero.

" ...a dondequiera que tú vayas, iré yo; dondequiera que tú vivas, viviré. Tu pueblo será mi pueblo, y tu Dios será mi Dios. Donde tú mueras, moriré yo, y allí quiero que me sepulten" (Rut 1:16-17 RVC).

Aplicaciones para Parejas

Sus AMIGOS—Nuestros Amigos: ¡Su Felicidad!

"¡Raquel, Raquel, Raquel!" El coreado aún me sorprende cuando me acuerdo de el desde hace diez años. Estábamos entrando a la trigésima reunión de la preparatoria de Raquel en Freeport, Illinois. Aparentemente alguien nos vio venir y decidió hacer lo que estoy seguro que sabían que avergonzaría a Raquel con la publicidad inesperada.

"¿Corremos a escondernos?" Sugerí en forma de broma.

"No, no estará bien" respondió con su sonrisa dispareja de buen humor que la caracterizaba cuando sabía que estaban jugando con ella. "¡Supongo que para esto los viejos amigos!"

R _elación_____ Esposos: Más de lo que ella te ama a ti, ella ama esto.

C _onexión_____ ¡Comparte de ti mismo, o ni pienses en casarte!

T _ransparencia_ Ella es modesta por fuera, pero su alma esta descubierta.

H _ijos_____ Permítele tener los que su corazón desee.

C _onversación__ "Palabras tiernas, toque gentil, y una buena …

A _migos_____ Compártelos. Lo de ella es tuyo.

F _____ Esto llega juntamente con el matrimonio.

Más M _____ Lo asombroso de todo ello.

En 1974, es probable que Raquel nunca hubiera ganado un premio por ser la persona más popular en su clase, pero nunca lo hubieras adivinado ahora. Por alguna razón parecía que ella era la alumna para celebrar en 2004. No fue porque tuviera MUCHOS amigos, solo amigos VERDADEROS. Si hubieras pasado doce años en la mismo clase que ella, tú serias su amigo también. Es así como fue ella. Tú serias su amigo aunque ella no fuera la tuya. Ella vivió el proverbio de uno de los manuscritos bíblicos mas antiguos, el Textus

Receptus: "[La mujer] que tiene amigos ha de mostrarse amig[a]" (Prov. 18:24). Ella tenía amigos porque fue amigable, y porque tenía amigos fue amigable con ellos.

¡Los amigos de Raquel significaban el mundo para ella! Si eras su amigo, no necesitabas que yo te lo dijera—ya lo sabías. Ella no fue dramática o demasiado efusiva acerca de ello, solo que siempre estaba allí. Tendrías que haber seriamente violado su confianza para cambiar esto. Ella fue leal. Pero si no eras su amigo, entonces tal vez hubieras necesitado que yo te lo dijera, porque ella nunca te lo hubiera dicho.

Había una media docena o mas de veces en los treinta años que la conocí cuando ella arriesgo perder a un amigo para poder ser una VERDADERA amiga. También confiaba en el proverbio que dice, "¡Una reprensión franca es mejor que amar en secreto! Las heridas de un amigo sincero son mejores que muchos besos de un enemigo" (Prov. 27:5-6, NTV). Ella se armaba de valor, oraba como nunca, y se atrevía a confrontar a alguien quién le importaba mucho …pero aún así, no podías pasar por alto la amabilidad que suplicaba expresarse en su comportamiento. Ella no podía evitar ser amigable. Entonces tenía amigos—tenía amistades profundas, comprometidas, y eran para la larga.

Y porque Raquel fue mía, sus amigos eran míos también. ¡Y esto la hacia feliz! Yo sabía que cualquier persona quien fuera amigo de Raquel era un amigo que valía la pena, aún si no nos caíamos especialmente bien de otra forma. Hoy, aún después de que se haya ido, tengo muchos amigos quienes nunca habría tenido sin ella. Entonces a todos nuestros amigos que leen esto—gracias por ser un amigo para Raquel, y gracias por ser mi amigo también.

La Maestra de los Años

Debo ser cuidadoso aquí para que mi familia y yo no perdamos el apoyo de la simpatía de los de ustedes que sienten lastima por nosotros que vivimos en la ciudad. En realidad tenemos lo mejor de los dos mundos aquí, porque Los Angeles y los suburbios de los alrededores no son una metrópoli típica. Por ejemplo, la ciudad en sí de Los Angeles tiene la mitad de la población que la Ciudad de Nueva York, pero el área del superficie terrestre es el doble del tamaño. Entonces tenemos alrededor del 25% de la densidad de la población de Nueva York, por lo menos en algunas partes de la ciudad; otras partes están casi a la par con ella. Si consideras los ochenta y ocho suburbios junto con la ciudad misma, se expande sobre 5,000 millas cuadradas [12,950 km2].

Un día preparé una exposición de libros para instalar en una farmacia CVS hacia el sur en Rancho Santa Margarita, un ciudad hacia el sur de "Orange County." Fueron cercas de 60 millas [100 km] de distancia, pero nunca salí de la ciudad. Pase por partes donde el trafico avanzaba lentamente pero en otras pude ir a velocidad de carreteras internacionales; subí hacia arriba y alrededor de las crestas de las montañas para luego bajar a través de cañones desérticos. Todo esta mezclado en lo que llamamos la ciudad de los "Angeles."

Justo hacia el lado sur de las Montañas "Saddleback" al sur de Orange County esta en un punto alto, conocido como "Santiago Peak" [la cúspide de Santiago]. Corriendo hacia la punta hay Cañón llamado "Holy-Jim Creek Canyon." Al fondo del cañón esta un riachuelo, al menos cuando haya llovido lo suficientemente para crear el riachuelo, y cercas del principio del riachuelo hay una cascada. Corriendo a un lado del riachuelo y aveces brincando de un lado al otro está un camino por donde caminar llamado "Holy-Jim Creek Canon Falls Trail" [El camino de la cascada del cañón del riachuelo de Holy-Jim] ¿Cómo te gustaría tener un nombre así de largo? En este camino estaba yo, caminando y caminando hasta que llegué a las cascadas, un viaje redondo de doce millas [19 km].

Había dedicado el resto del día después de montar el espectáculo, a ir caminando hacia el pie de las cascadas para que pudiera sentarme allí, meditar, orar, y escribir. Escribí la mayor parte de la primera parte del capítulo, *Maestra de los Años,* que cuenta un poco de la historia de Raquel como maestra. La segunda parte es una parte para dar inspiración a hombres y mujeres para "ser imitadores de [ella] así como [ella] lo fue de Cristo." Es un testimonio de como la presencia de Dios fue hecha tan real a ella por medio de los arcoíris. Y luego la ultima parte de este capitulo otra vez provee un desago para la iglesia par SER la esposa hermosa de Cristo que Raquel ejemplifico tan adecuadamente como una esposa ella misma.

La Historia de Raquel

Raquel nunca recibió el reconocimiento nacional de la Maestra del Año del Presidente de los Estados Unidos de América, pero hay varios ciudadanos Americanos, que fueron estudiantes de ella, quienes estoy seguro se lo darían sin pensarlo dos veces. Ella ciertamente calificaba para el reconocimiento de la Maestra del Año por el número de años que enseñó en varios diferentes entornos desafiantes. Ella enseñó tanto en Canada como en Estados Unidos en escuelas de gobierno y también privadas. Y por último, pero ciertamente no de menor importancia, ella fue la madre y maestra en casa de nuestros cinco hijos, y le faltaban solamente dos años para ver a su hijo más pequeño Christopher graduarse de la preparatoria cuando ella murió. No es de sorprenderse, al ser la maestra y madre que fue, que su hija mayor Carita tomo la profesión y siguió en el lugar que había dejado su madre al morir y guió a Christopher hasta terminar la preparatoria.

Miss Rachel Schrader
Teacher's Aide

Raquel como maestra de primer grado en la escuela Indígena de Popular Hill en el norte de Ontario, Canadá.

Raquel encontró tanta satisfacción personal en enseñar que tuvo que tomar un momento para considerarlo cuando le propuse matrimonio en la primavera del 1984. Aunque ella había escrito en una carta a sus padres en Febrero de 1984 que yo le había dicho "Yo creo que nuestra relación tiene futuro" y aunque también les había dicho "me gusta mucho," ella estaba deliberando las implicaciones de tener que decir "no" al comité de la escuela en relación sobre regresar para enseñar otro año. Aquí se nota lo tanto que le gustaba enseñar— ¡casi tanto como me quería a mí! Sus padres le habían recomendado no seguir enseñando otro año si pensaba que nuestra relación se estaba volviendo bastante seria. En otra carta para ellos, ella declaró "a Ernesto le gusta tu consejo." Es demás decir qué mis sentimientos por ella rápidamente se estaban volviendo más *amor* que *gustar,* pero la propuesta de matrimonio aún tardaría tres meses en llegar.

Raquel fue destacada por su habilidad de enseñar el abecedario del curso de ACE del primer grado. Todos los padres dentro de las comunidades donde ella enseñaba querían que la Srta. Schrader les enseñará a sus hijos a leer. Esto fue, en gran parte, la razón por la que decidimos dar clases en casa cuando tuvimos hijos propios. Para Raquel fue tan importante que tuvieran una buena base de cómo leer para así tener en donde construir el resto de su educación que no quería delegarle el trabajo a ningún otro. ¡Ella misma lo haría! Y allí empezó el Centro de Aprendizaje en el Hogar como le decíamos a nuestra pequeña escuela en casa. Todos nuestros hijos leen bien hoy y son lectores insaciables. Y como resultado, cada uno de ellos se ha convertido en un autor aventurero de una forma u otra. Si aprecias bien la lectura, por lo regular, llegarás a ser un buen escritor también.

La graduación de la preparatoria de Asher de nuestro Centro de Aprendizaje en el Hogar. La graduación se lleva a cabo en nuestro hogar en Upland, California.

Su Inspiración

Cuando Dios me Quiere Dar un Abrazo, El me Manda un Arcoíris

Por Raquel H. Whitmer

Dios le dijo a Noe, "Mi arco he puesto en las nubes, el cual será por señal del pacto entre yo y la tierra." Yo tengo una historia de un arcoíris también ...

Aveces tengo batallas. Aveces tengo temores—temores grandes. Tengo temores acerca del futuro, temores acerca del dinero, temores por mi familia—¿Qué si algo les llega a pasar? ¿Qué si uno de ellos se enferma gravemente? Esto se sentía tan insoportable. Me horrorizaba el simple pensarlo. ¿Qué si Dios se llevara a Ernesto? Estaría sola. ¡Tan fuertemente me aferraba de los temores! Pero Dios me empezó a decir calladamente, "Confía en Mí."

Una mañana las batallas fueron especialmente intensas. Estaba clamando a Dios; estaba rogándole a Dios. Después de un tiempo sentí que mi corazón se rindió. Después de este día, me subí a la minivan a prisa para ir al pueblo. La estación de la radio cristiana sintonizaba el Instituto Bíblico de Moody. El Pastor José Stowell estaba hablando. El citó el versículo, "No te desampararé, ni te dejaré." Él lo repitió varias veces. Estas palabras entraron profundamente en mi corazón. Por la tarde del mismo día, como familia regresábamos de un juego de beisbol. Mientras pasábamos por el pueblo, apareció un arcoíris. ¡Fue un arcoíris HERMOSO! ¡Estaba completo de un lado hasta el otro y con con colores espectaculares! No solo había uno—fue doble. ¡Había dos arcoíris completos más hermosos que cualquiera que hubiera visto antes! Mientras exclamábamos sobre los arcoíris, mi corazón recordó el versículo que Dios me había dado más temprano ese día. Parecía que me estaba diciendo, "Todavía cumplo mis promesas."

En los días y meses que siguieron, Dios me daba este versículo vez tras vez. De repente salía en cosas que estaba leyendo, en predicaciones, en oraciones. Llegó de muchas formas cuando menos lo esperaba, y Él mando más arcoíris.

El mensaje empezó a tomar raíz. Empecé a creerlo con todo mi corazón. Sentí el amor de Dios.

El versículo y el arcoíris fue algo especial entre NOSOTROS.

Luego un día sucedió. Recibí una llamada del doctor—el IRM de Kristi mostró que sí tiene un tumor en su cerebro. O, Padre, no puedo hacer esto, ¡NO PUEDO! Un día cuando estábamos en Illinois, íbamos manejando con el Abuelo y la Abuela (mis padres) para ir a ver a algunos amigos. Me senté en la parte trasera de la minivan. Alguien vio las puntas de un arcoíris. Observamos mientras apareció el arcoíris completo.

Abuela exclamó, "No es común que veamos colores tan brillantes," y yo sabía que Dios me estaba susurrando, "Sí, tú puedes sobrellevar esto, porque Yo estoy contigo."

Dos semanas después, viajamos a casa después de pasar el día con los doctores, escuchando su diagnósticos, hablando sobre algunas de las opciones. Mi corazón estaba cargado con el peso de todo ello.

Había música reproduciéndose; ya estaba oscuro afuera del carro. De repente me di cuenta de las palabras que estaba cantando—"Yo trazo el ARCOÍRIS a través de la lluvia / Y siento que la PROMESA no es en vano / Aquella *madre* (mañana) SIN LAGRIMAS será." **¡Dios puede mandar arcoíris aún en la oscuridad!** ¡Qué Dios tan maravilloso!

Dos días después, en el retiro de mujeres, cantamos la misma canción. Consideré otra vez este mensaje de Dios. Otro día recibimos un correo electrónico de un amiga quien compartió de un tiempo en que uno de sus hijos sufrió problemas de salud. Ella escribió, "Siempre que tuviéramos un mal día, que fue algo común, buscáramos un arcoíris, porque cuando Noe estaba en el arca Dios le dio un arcoíris." ¡Un arcoíris! Yo creo que cuando mi Padre quiere acercarse a esta hija y darle un abrazo, Él manda un arcoíris. ¡Amo los arcoíris y LE AMO A ÉL!

Una foto de un arcoíris tomada por la cuñada de Raquel Lynette Schrader cercas de Rosedale, Ohio, poco después de la muerte de Raquel. ¡A Raquel le encantaban los arcoíris!

Sí, Dios Pone Arcoíris en el Cielo

Permítame compartir este testimonio de nuestra nuera. Gracias, Teresa, por compartirlo con nosotros.

Ayer por la tarde Asher y yo estábamos manejando en la lluvia y vimos un arcoíris completo con colores intensamente vivos. Notamos que empezaba desde los cerros del Cementerio de Forest Lawn donde Mama Witmer esta enterrada. Tuvimos un momento de asombro.

Más tarde ese día, le estaba contando a Carita y Kristi sobre el arcoíris, y ellos preguntaron emocionadas si había leído el estado en Facebook de Felipe Beiler (el vive con su familia). No lo habíamos hecho. Pero se me puso la piel como la piel de gallina cuando escuché donde estaba el otro extremo del arcoíris.

Felipe escribió, "Nunca en mi vida he viso el extremo de un arcoíris, pero esta tarde vi que un arcoíris literalmente salía de nuestra casa. Fue brillante y completa. De un lado del cielo hasta el otro, empezando en nuestra casa. ¡¡¡Increíble!!!"

"Gracias Jesús," continúa Teresa, "por este hermoso arcoíris hoy y por Tus promesas fieles. Y no puedo excluir de decir, 'Gracias, Raquel Witmer,' porque de alguna forma me pregunto si tuviste algo que ver con ello."

Entonces allí lo tienes. Dios puso otro arcoíris en el cielo en memoria de Raquel, para ser visto por dos grupos de personas, uno en un extremo del arcoíris y el otro al otro extremo de el. Y fue tan apropiado de quien era ella como persona—su hogar siempre fue donde estaba su corazón y aún más allá de la tumba ella es recordada con un extremo del arcoíris en el Parque Conmemorativo de Forest Lawn donde descansa su cuerpo, y al otro extremo llegando justo arriba de la casa donde mora su familia y donde se siente aún la calidez de su corazón.

Campamentos Bíblicos por las Tardes se llevaron a cabo en honor de Raquel en 2013

La Esposa de Cristo

Booz y Rut

La historia más romántica de la provisión de Dios para el compañerismo en la Biblia es la historia de Booz y Rut. Hay tantas cosas de este antiguo relato que proveen inspiración fascinante aún hoy en día. Cuatro puntos se destacan en especial para mí:

1. Me encanta la forma en que este cortejo fue tan claramente arraigado en carácter piadoso. No como la mayoría de las noviazgos de quienes su relación es meramente el producto de la naturaleza humana y atracción natural, para esta pareja todo se basaba en reconocer la obra divina de Dios en sus vidas. Aún el hecho de la gran diferencia de edades habla del elemento sobrenatural de este romance. La tradición judía dice que Rut tenía cuarenta años y Booz ochenta. ¡Cuarenta años de diferencia! Está casi en el mismo genero que casarse con alguien de una etnicidad diferente, que también ocurrió aquí, o alguien que esta descapacitado. Está en el mismo nivel que la hermosa historia amorosa de Nick Vujicic y su esposa Kanae Miyahara.[1] Estos tipos de relaciones requieren algo mucho mayor que compatibilidad humana. ¡Son sin duda nada menos que algo divinamente organizado! Carácter piadoso fue la base; compatibilidad, una travesía amorosa aventurera.

2. Otra cosa que admiro de este romance piadoso es la motivación obvia que ellos tenían. Para ambos Booz y Rut, todo se trataba de dar—no de recibir. Toda pareja cristiana le gusta hablar de este ideal, pero si Dios descubriera las intenciones actuales del corazón, ¿me pregunto qué tan cierto sería? Por favor no me mal entiendan aquí: Yo creo que esv DIOS el que pone el anhelo de compañerismo e intimidad en el corazón. El desago es sencillamente para ser sincero en ello. No hay que exaltarnos como si siguiéramos algún tipo de ideal elevado cuando en realidad solamente estamos respondiendo a la inversión natural de Dios en nuestro corazón desde la Creación.

Habiendo dicho esto, es muy claro del texto bíblico que Booz y Rut fueron extraordinarios en su intensiones desinteresadas ... ¡y

---

1   "Love Without Limits: A Remarkable Story of True Love Conquering All." [El Amor sin Limites: Una Historia Sorprendente del Amor Verdadero que Conquista Todo.] Nick Vujicic y Kanae Miyahara.

es absolutamente hermoso! Desinteresados de tal forma que en un momento Booz llega al punto de entregar su propio interés en Rut a su pariente quien pudiera tener más derecho a ella que él mismo. ¡Imagínate esto! ¿Cuántos de nosotros estaríamos dispuestos a darle a nuestro primo a escoger primero sobre la persona a quién amamos? Sin embargo, no puedo más que escuchar su suspiro de alivio cuando su pariente renuncia su derecho. Pero otra vez vemos el gran contraste entre el primo que busca proteger su propio interés colateral antes que el beneficio personal que pudiera haberle dado a Rut. ¡En mi punto de vista, Booz tiene que ser uno de los amantes más grandes de todos los tiempos! Dar, dar, dar … proveer, proveer, proveer … proteger, proteger, proteger; ¡su motivación verdadera se mostró claramente por medio de sus acciones!

3. Sus metas eran nobles. Otra vez es alentador notar especialmente que Booz estaba mirando hacia el valor de un compromiso a largo plazo para el beneficio de Rut. Él sabía lo que sería mejor para ella. En contraste, el espíritu de hoy hiede con tanta lujuria egoísta cuando los hombres procuran que sus novias vengan a vivir con ellos sin la seguridad del matrimonio. Todo se basa en su propio beneficio y gratificación sin tomar responsabilidad por la vida de la persona con quien buscan el placer. Tal neurosis transparente debería ser obvio, pero desafortunadamente, muchas mujeres, especialmente mujeres inmigrantes, son aprovechadas de esta forma.

Pero aún Rut como recién llegada mostró su pureza de una forma conmovedora en compartir sus metas ambos con Noemí y Booz. En un muy corto tiempo, el texto bíblico nos indica, que fue claro para "toda la gente del pueblo" que fue una "mujer virtuosa." Ella había mostrado más bondad a largo plazo aún de lo que había mostrado al principio cuando la persona natural hubiera pensado que estaba tratando de dejar una buena primera impresión. Pero había mostrado a todos que su corazón era puro al no seguir tras los jóvenes, "pobres o ricos" (Rut 3: 10-12). Una mujer normal, habría sido afectada ambos por su edad y su posición social. Pero fue claro para Booz que ninguno de estas cosas tuvo parte en su comportamiento.

4. Finalmente, ¡noten los resultados! Cuando la idea original es el temor a Dios y no a las personas, cuando los motivos se basan en

dar y no en recibir, cuando los propósitos tienen la perspectiva puesta en el compromiso a largo plazo y no en el placer del momento, los resultados producen una bendición profunda. Por todos lados había paz en cada relación. Había alabanza al Señor. Y había una abundancia de buena voluntad entre todos los parientes. Aún Noemí quien había sida amargada fue dada por sus amigas una lista completa de razones por las cuales bendecir al Señor por ser el "restaurador de [su] alma" y porque Él "sustentará [su] vejez" ¡y vieron dar a luz a su nuera y vieron que era de mas bendición que si ella hubiera dado a luz a siete hijos ella misma! ¡Hubo un gozo total por todos lados, puro y sencillo! ¡¡Todos salieron ganando!!

Ahora hagamos el contraste con lo que hubiera pasado comúnmente en el ambiente de hoy. El rey David en su búsqueda de placer con Betsabé también provee una comparación patética.

1). En la encrucijada de la pasividad superficial y la belleza descubierta se encuentra una abundancia de tentación natural. Paseándose errante en la oscuridad, David se encontró con algo más grande que la mayoría de los hombres pudieran resistir. Cualquier idea proveniente de este encuentro estaba destinada a la catástrofe. ¡Su miopía es sorprendente!

2). Su plan egocéntrico para conseguirse a Betsabé para sí mismo es un contraste directo a la abnegación que Booz demostró en sus dádivas a Rut. La forma en que David manipuló las circunstancias y usó su poder y posición para satisfacerse a sí mismo es el epítome de inmadurez. ¡Y a este le llamaban rey!

3). ¿Cuáles fueron las metas? ¡No pudieron haber sido más gráficas! ¡Hedía a ensimismamiento! Su propio placer personal fue su única meta. Él la uso totalmente como un objeto; estaba obsesionando por su cuerpo sin tomar en cuenta su persona. Él no pudo haber mostrado más desdén por sí mismo en el proceso. ¡Qué imagen personal tan horrible!

4). Los resultados fueron devastadoras, amontonando daño sobre daño para todos los que estaban a su derredor. "No se apartará jamás de tu casa la espada … Haré levantar el mal sobre ti de tu misma casa

... daré [tus mujeres] a tu prójimo, el cual yacerá con tus mujeres a vista del sol ... el hijo que te ha nacido ciertamente morirá." (2 Sam. 12:10-14). Ningúna indicación de bendición; solo perdida horroroso para todos."

Reflejos en el Matrimonio

3. La Importancia de Unirse (El Esposo)

LA SUSTANCIA ORIGINAL:

Cristo mostró el compromiso de unirse con la iglesia en varias formas.

> *"edificaré mi iglesia" (Mt. 16:18).*

> *"No os dejaré huérfanos" (Jn. 14:18a).*

> *" ...la iglesia del Señor, la cual él ganó por su propia sangre" (Hechos 20:28).*

EL REFLEJO:

El esposo debe unirse con compromiso a su esposa.

> *"Por esto ... el hombre ... se unirá a su mujer" (Ef. 5:31a).*

Es un orden divino: Uno no puede unirse hasta que haya dejado atrás a lo demás. El dejar atrás es con el fin de unirse. La palabra hebrea da la idea de ser unidos con pegamento. No como con cinta sino con una union inseparable que solo se puede dividir con gran dificultad y daño. Lo mismo es cierto de personas "unidas con pegamento" en el matrimonio. El unirse obviamente no da lugar a la infidelidad en el matrimonio.

Aplicaciones para Parejas

Su FAMILIA: ¡Su Felicidad!

Finalmente, en respuesta a la pregunta que me hicieron hace tiempo dos buenos esposos: ¿Cómo puedo ponerme en contacto con el corazón de mi esposa? Yo dije, "¡Solo haz que sea feliz!" ¿Pero significa el hacerla feliz? ¿Qué significaba para Raquel? Siete Puntos:

R _elación_____ Esposos: Más de lo que ella te ama a ti, ella ama esto.

C _onexión_____ ¡Comparte de ti mismo, o ni pienses en casarte!

T _ransparencia_ Ella es modesta por fuera, pero su alma esta descubierta.

H _ijos_____ Permítele tener los que su corazón desee.

C _onversación__ Palabras tiernas, toque gentil, y una buena…

A _migos_____ Compártelos. Lo de ella es tuyo.

F _amilia_____ Esto llega juntamente con el matrimonio.

Más M _____ Lo asombroso de todo ello.

Aunque ciertamente no es de menos importancia, lo he puesto a lo último en la lista; nunca pudiera escribir acerca de lo que hacía feliz a Raquel sin hablar de su familia. Por supuesto, nuestra propia familia la hacía muy feliz también, pero estoy hablado de su familia de origen— la familia Schrader.

Obviamente ninguna familia es perfecta, pero los sistemas familiares son fascinantes para observar y aún mejor para experimentar. Todos estamos involucrados al menos en tres sistemas familiares. Cada uno de nosotros inherentemente participamos en los dos sistemas familiares de nuestros padres, más el que ellos han creado para nosotros. Y si estamos casados, hemos adoptado aún otros tres: cada uno de los sistemas familiares de los padres de nuestro cónyuge más el que ellos formaron para él o ella. (¡Es por esto que importan los suegros!)

Agregué a estos seis sistemas familiares un séptimo, que desarrollamos con nuestra pareja de matrimonio, haciendo el círculo de sistemas familiares completo. (Más que esto, está el potencial para las dinámicas desafiantes de sistemas familiares combinados que son causados por las segundas nupcias, las cuales todos esperamos no tener que encontrarnos con ellas, aunque algunos de nosotros sin duda lo tendremos que hacer.) Pero es este séptimo sistema familiar que llega a ser el primario para nuestros hijos, y es por este que nosotros como sus padres somos directamente responsables.

Relaciones familiares

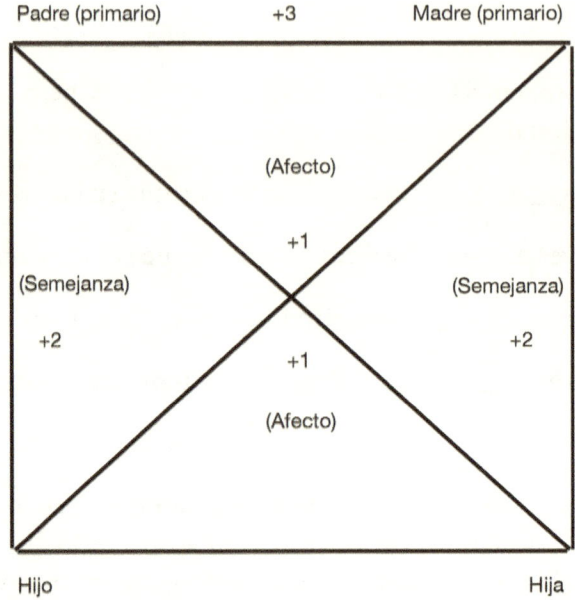

Es el segundo grupo de tres sistemas que adopté al casarme con Raquel. Los recibí juntamente con ella. No solamente la recibí a *ella,* sino que también recibí a sus sistemas familiares. ¡Y lo que era de más importancia fue que tuve que llegar a comprenderlos! Tuve que entender a su familia y apreciar completamente quienes eran y que es lo que los motivaba. Tuve que aprender porque es que piensan de la forma en que piensan, cuál era su historia como familia, y cómo llegaron a ser quienes son. Raquel fue un producto de estos sistemas, y si yo le estaba pidiendo que se casara conmigo y mis sistemas, también tenía que casarme con los suyos. Ella estaba dispuesta a adoptar mi sistema familiar y yo tuve que adoptar el de ella también. Por cierto, yo sugeriría que fue primeramente mi responsabilidad de adoptar su sistema familiar antes de esperar que ella adoptara el mío.

En la mayoría, fue una experiencia agradable para mí. Los Schrader eran tan diferentes que los Witmers en algunas formas interesantes. Recuerdo la primera vez que los vi completamente agotados después de manejar toda la noche desde su granja en el norte de Illinois a Blackduck, Minnesota, donde Raquel estaba enseñando y donde yo iba frecuentemente para cortejarla. Todos los de su familia estaban acostados en el piso de la sala de pequeña casita donde su hermana Miriam y Clovis vivían en este tiempo. ¡Nunca había visto tal cosa! Yo estaba acostumbrado a que mi familia se sentara en la sala con buena postura; el único tiempo cuando nos acostábamos era cuando estábamos en nuestros cuartos—sobre las camas. Pero rápidamente aprendí de ellos y como nuestros hijos pueden testificar, probablemente pase más tiempo con ellos en en piso de la sala jugando juegos, viendo una película, tomando una siesta, o solo hablando durante el tiempo que pase con ellos sentados en los sillones.

Por supuesto que algunas situaciones sistemáticas por ambos lados de nuestras familias de origen fueron más digciles de superar. Y como humanos típicos, hubiera sido más fácil que la otra persona hubiera cambiado, ¡¿verdad?! Pero si podemos evaluarnos a nosotros mismos un poco, nuestras observaciones de nuestro propio sistema familiar y de otros debería enseñarnos algo de nosotros mismos. Como un móvil colgante, tendemos a crear espacio por nosotros y acomodar nuestros hábitos sin dificultad. Pero lo encontramos mucho más difícil de acomodar y hacer espacio para otros. Considéralo de esta forma, todos nos vemos a nosotros mismos como normales y a todos los demás como anormales. Y entre más diferentes son que nosotros, lo más anormal nos parecen. Pero a través de los años, Raquel y yo hemos encontrado que si somos verdaderamente honestos acerca de nuestras propios debilidades sistemáticas y estamos comprometidos al crecimiento y salud dentro del sistema familiar que estamos creando por nuestros hijos, todos saldremos ganando.

De seguido me he preguntado después de la muerte de Raquel porque el Señor quiso llevarla a su hogar celestial en este punto critico cuando Él decidió llevarla. Posiblemente fue porque quería que su vida en esta tierra terminara en la cúspide de su felicidad. Ella estaba tan emocionada de que vendría toda su familia de Canon City para la boda. No solamente vendrían todos nuestro hijos para la boda de Asher y Teresa sino que sus padres y la mayoría de sus hermanos también. ¡ELLA FUE UNA MUJER MUY CONTENTA! Entonces se fue de la cúspide de su felicidad aquí en la tierra para ir al epítome supremo de felicidad en el cielo, para estar no solamente con otros miembros de su familia que habían ido antes, ¡sino para estar reunida para SIEMPRE con JESÚS! ¿Y qué de los demás de nosotros? Bueno, no hemos llegado aún, ¡¡pero estamos en camino!!

Capítulo 9

Mi Novia de Bodas

La Historia de Raquel

Todo empezó cuando fui invitado para asistir a una boda como un compañero de viaje del novio de la hermana de la novia que se iba a casar. Yo no lo sabía de antemano, pero Raquel y su familia iban a cantar en la ceremonia al día siguiente. La vi por primera vez en el ensayo de la boda la noche antes de ello. Ella—la más notable de todos ellos—estaba parada allí atrás del podio con sus hermosas hermanas, sus padres y sus hermanos. Y adivina que, tu humilde servidor fue solicitado para proveer una opinión del auditorio en relación al sonido y el balance de la armonía en cuatro voces que estaban cantando. ¡Yo estaba encantado con la interacción!

La travesía continuó en la Escuela Bíblica de Maranatha un tiempo después. Una tarde estaba sentado en la biblioteca estudiando, escribiendo, y atendiendo mis propios asuntos cuando levante la vista y a través de la grande ventana que daba vista hacia el pasillo. En este momento exacto, Raquel pasó frente a la ventana al caminar por el pasillo. La había visto en diferentes partes de la escuela antes, pero ese fue el momento que quedo grabado en mi mente de cuando mi deseo por ella empezó.

Después esa tarde, en el dormitorio de "La Pequeña Casa Blanca" en donde doce de los muchachos vivimos en el pequeño pueblo de

Lansing, Minnesota, durante ese frío semestre del invierno, pregunté a uno de mis compañeros, "¿Conoces a Raquel Schrader?"

"Sí," respondió.

"¿Cuántos años tiene?" insistí.

"Aaa ... No sé. Posiblemente 23 o 24," proveyó

Mi tercera pregunta lo sorprendió un poco: "¿Por qué no está casada?"

"Bueno ... No sé," tartamudeo. "Aaa ... sí ... es una buena pregunta. Posiblemente sea porque los chicos le tienen miedo."

Sin dificultad podía entender porque los chicos pudieran estar nerviosos al acercarse a ella—de hecho, yo estaba temblando un poco solo al pensarlo, pero supe en ese instante que yo haría lo que fuera necesario para superar cualquier temor que impedía que por lo menos llegara a conocer más a Raquel. Yo estaba aún muy joven, con apenas dieciocho años, entonces sabía que no estaría buscando una relación con ella en ese momento, pero posiblemente, posiblemente Dios la tenía como parte de mi futuro. ¡Pudiera vivir mucho tiempo solo soñando acerca de esto!

Entonces llegó a cumplirse, como sucede en las historias amorosas, que en el proceso del tiempo tuve la ocasión de encontrarla otra vez. Esta vez estaría en la boda del amigo que había cuestionado sin advertencia en La Pequeña Casa Blanca en Lansing.

****

La boda había terminado y la recepción estaba por terminarse también. Pasé por el área de cocina del salón de recepción para un acceso directo al baño. Cuando iba regresando, la vi, quietamente esperando algo o alguien a un lado de la puerta de la cocina. ¿Pudiera estarme esperado a mí? ¡Solo podía esperar que sí!

"Hola, Raquel," exclamé. "Hace tiempo que no te veía. ¿Cómo has estado?"

"Estoy bien. ¿Cómo estás tú?"

"Muy bien," respondí. "¡Especialmente después de encontrarte aquí!"

Pude ver que se sonrojaba un poco. "¿Qué piensas sobre pasar un poco más de tiempo juntos esta tarde?" Me aventuré. "¿Pudiera llevarte a cenar?" Estaba temblando por dentro.

"Bueno … gracias," dijo ella, "pero de echo estoy en una relación por correspondencia con un muchacho de Maryland que conocí hace una par de años en servicio voluntario," dijo un poco indecisa.

"¡Ah! Lo siento," dije. "No lo sabía."

"No sé que que nos espera el futuro …" admitió un poco vergonzosa.

Esperamos vacilantes por unos momentos, nos sonreímos y luego partimos cada quién por su lado. Pero la cosa que resonó tan claramente en mi corazón y mente esa tarde fue la forma honorable y respetable que Raquel había interactuado conmigo ese día. Nada de lo que dijo ni hizo me dio razón de sen4rme avergonzado ni arrepentido, ni tampoco que estuviera fuera de lugar en expresar mi corazón por ella de la forma en que lo hice. Ella se veía confiada en quien era ella, y por lo tanto, ella no tenía razón para hacerme sentir menos a mí. Regrese a mi hogar en Wisconsin y reflexionaba sobre estas cosas en mi corazón.

Pero el camino de la vida siempre tuerce y retuerce, aveces con curvas en horquilla, valles por donde deambular, y partes con subidas para escalar. Empecé a salir con otra muchacha por un año, solo para llegar al punto en que terminamos. Hasta este día, estoy convencido de que prefiero que una joven me decepcione a mí que yo decepcionarla a ella. No fue dramático. ¡Pero sí fue difícil!

Después de esto volví a inscribirme en Maranatha, esta vez por un año completo y con clases de tiempo completo. Aparte de mi conversión y eventualmente mi matrimonio, nada ha determinado la dirección de mi vida tanto como esta decisión. ¡Yo estaba decidido a buscar a Dios con todo mi corazón, alma, mente, y fuerza! Tres clases fueron requeridas por semestre como un mínimo para asistir, pero nunca tome menos que cuatro, y por dos semestres, tome cinco. Me levantaba a la

5:00 cada mañana para estudiar y de seguido pedía permiso especial del encargado para estudiar después de la hora en que se apagaban las luces en la noche. Fui un ocupante frecuente del cuarto del calefactor (donde el encargado me relegaba para no molestar a los demás), aveces hasta media noche.

Fue en este contexto de buscar y estudiar intensamente que Juan Coblentz me pidió el considerar ir al norte de Minnesota para enseñar en su pequeña escuela cristiana. Yo viviría con ellos y les cuidaría la casa cuando salieran por semanas a la vez para su ministerio itinerante de enseñar de un estado a otro a través del país. Yo consentí, y por ello se abrió el escenario para que Raquel entrara otra vez en mi vida, o para ser mas correcto, para que yo volviera a entrar en la de ella.

Tengo que confesar (¡shh! no le digas a Juan) que parte de mi razonamiento en aceptar este trabajo de maestro en el norte de Minnesota fue por que sabía que Raquel estaría allí, también, enseñando en Blackduck en la escuela de Kitchi Pines a solo dos horas de International Falls. Había escuchado a través de comentarios de otros que ella estaba finalmente libre de cualquier otro pretendiente "o compromiso de cualquier forma" y que estaba disfrutando plenamente de su carrera como maestra. Dos preguntas quedaban ahora: 1) ¿Cómo me puedo enfocar en enseñar mientras que al mismo tiempo considero lo que Dios pudiera tener en mente para mí en relación al matrimonio? Y 2) ¿Cómo puedo convencerla de considerar a un muchacho más, especialmente cuando estaba totalmente "comprometida" con su trabajo como maestra?

Hacia el norte me fui, lejos de la comunidad de mi hogar en Wisconsin en donde había nacido y sido criado, subí hasta la nevera de la Nación para enseñar en una pequeña escuela cristiana no muy lejos de donde estaba Raquel. Mis padres habían vendido su granja lechera y se habían mudado a Phoenix, Arizona un par de años antes. Poco después de llegar al norte de Minnesota, asistí a una reunión para el Día del Trabajo para todas las iglesias Menonitas en el norte de Minnesota. Después de la comida, allí en otra salón-comedor pocas millas del comedor en donde primero había hablado con ella de salir juntos unos tres años antes, volví a encontrarme con Raquel. No del todo un accidente, pero en realidad no estaba planeado tampoco. Hablamos brevemente, y luego me disculpé para ir con los otros quienes se estaban preparando para el juego tradicional de sopball después. (Raquel me contó después de qué tan cómoda lo encontró hablar conmigo y que no la hice sentir incomoda en saber como relacionar conmigo en este breve encuentro. Ella lo marcó de una forma subconsciente en la columna de cosas positivas de su mente para ser referenciada después, aunque en este punto no tenia idea de lo que este muchacho Ernesto tenia planeado.)

Eso fue en septiembre.

****

Cada año, en el Día de Acción de Gracias, las iglesias Menonitas del norte de Minnesota se unían para hacer una conferencia para jóvenes en la iglesia de Kitchi. Este fue el evento que tenía contemplado como un buen tiempo para empezar a cortejar a Raquel. Recuerda, ella me había rechazado una vez porque estaba ocupada escribiéndole a un muchacho de Maryland. Ahora estaba totalmente entregada a su carrera como maestra con los niños de primero segundo grado y lo disfrutaba bastante … ¡y después supe de ella que estaba casi terminada con las relaciones con los muchachos! ¡Yo tenía una tarea difícil que hacer!

¿Por qué, pudieras estar preguntando, estuve tan atraído a Raquel? Bueno, para empezar, ¡ella era hermosa! Despampanante, pensaba yo. Pero honestamente no sabía mucho acerca de ella aparte de su quieta y estable disposición y la gracia con que caminaba. Y lo que sí sabía me mostró mucho acerca de ella. Habíamos estado cercas el uno del otro por un tiempo en la Escuela Bíblica de Maranatha y aunque solo tuvimos una clase juntos, como recuerdo, siempre quería ser muy cuidadoso y claro cuando hablara en los tiempos de dialogo en esta clase. Años después, Raquel me dijo que siempre apreciaba lo que compartía en esta clase y la forma en que parecía saber lo que creía y porque. Otra cosa que me atrajo a Raquel fue que fuera el tipo de persona que se mostraba desde adentro hacia afuera. Lo que veías por fuera es lo que era por dentro y aún más. Ella era hermosa por fuera; ella era más hermosa por dentro. Ella era algo quieto por fuera; ella fue aún más quieta y serena en su espíritu. Ella se llevaba con equilibrio y gracia por fuera; ella fue aún más equilibrada y llena de gracia en su corazón.

Aparte de esto, Raquel fue mi complemento perfecto. Yo soy el tipo de persona al que le es difícil pensar sin hablar (o escribir). Ella fue alguien quien no podía hablar al menos que hubiera pensado bien las cosas antes. (¡No es difícil el deducir de esto quien se metió en más problemas!) Yo soy una persona extrovertida; ella era más reservada. Yo soy uno que toma riesgos; ella siempre fue cautelosa. Yo puedo sentirme solo; aún estando con un grupo de personas; ella podía sentirse congestionado aun cuando estuviera sola. (Estoy seguro que ella hubiera podido llevar esto de la viudez mucho mejor que yo. ¡Pero estoy contento de que no tuvo que hacerlo!) Sí, hubo tiempos en nuestro matrimonio en que deseábamos tener más en común. Como el Dr. Marlin Howe acostumbraba a decir sobre la mayoría de las parejas, "Lo que antes me atraía a ti ahora me molesta," así fue con nosotros a veces. Pero también sabíamos que éramos bueno el uno para el otro, y nos complementábamos muy bien. Estoy convencido que es parte de lo que nos hizo un buen equipo como padres. Sabíamos que nuestros hijos nos necesitaban a los dos. Por cierto, aunque éramos opuestos en muchas áreas, aparte de nuestra fe en común y entendimiento de la vida, nuestros pensamientos y convicciones acerca de hijos y la crianza de ellos probablemente fue nuestro punto de unidad más grande. Fue muy atractivo para mí saber que de sus años como maestra, ella sería una madre extraordinaria. ¡Y lo fue! Fue un honor tan grande estar casado con Raquel. Ella me amplio la vida, engrandeció mi corazón, y profundizó mi pensar de una forma impactante durante los veintiocho años de matrimonio, a tal grado que el vivir sin ella ahora se siente como si apenas soy la mitad de lo que era antes.

Pero ahora me estoy adelantando a la historia.

Otra cosa que me atrajo a Raquel fue que ella estaba en un peregrinaje. ¡Ella aún no había llegado! Ella no había entendido del todo a donde Dios la llevaba, pero sabía lo que estaba buscando. Y lo que estaba buscando tenía todo que ver con encontrar su seguridad completamente en Él. Ella llevaba una vida contundente, y yo me sentí guiado a acompañarla.

Entonces escribí la carta.

No, no fue una carta para ELLA … aún no. Eso sería después. Esta fue para su pastor, Hermano Val Yoder. Solo un tipo de referencia inquiriendo sobre ella. Val me aseguro de su integridad y fidelidad como miembro de la iglesia de Kitchi y me aseguro su completo apoyo. También me dio el número de teléfono de su padre cuando se lo pedí. Es que, aunque la familia Schrader vivía en Freeport, Illinois, ellos habían cambiado su membresía a la iglesia de Kitchi Pines en Minnesota, porque estaba más de acuerdo con la dirección en que querían ir como familia.

Llamar a su padre Ron fue lo que hice después.

Ahora, nunca había asistido a un seminario de Bill Gothard aún, pero sabía de mis propios valores y crianza que sin duda quería la participación de sus padres en nuestra relación. Yo soy el primero en admitir que no siempre he seguido los principios de Dios tan de cercas como debería de haberlo hecho. Pero de esto sí estaba seguro, aún entonces, de que todos los principios de Dios son arruinados completamente si se aplican de una forma legalista. Entonces, no fue tanto por interés de hacer el "movimiento preciso" por lo que quise contactar a su padre; más bien, fue porque quería conocer su corazón, y quería que él conociera el mío. En algunos círculos hoy en día, está la idea de que si el hombre habla primero con el padre de la muchacha en que esta interesado, toda posibilidad de tener problemas se disuelve. ¡Se pierde completamente el verdadero propósito! El objetivo tiene que ser más profundo que esto. No es el procedimiento exacto el que cuenta. Mas bien, es la intención y la integridad del corazón: el corazón del muchacho, el corazón de los padres, y de mayor importancia, el corazón de ELLA. Y por otro lado, ¡si un padre tiene miedo de que un muchacho se lleve el corazón de su hija sin su aprobación, es una señal clara de que ÉL no lo tiene! Pero si en verdad él tiene el corazón de su hija, no tendrá razón de estar preocupado sobre ello, y será claro para él y ella, y para todos los demás mucho tiempo antes de que ella tenga edad para empezar un noviazgo.

Recientemente un joven casado me contó su historia acerca de cómo había hablado con tres diferentes padres a través de algunos años sobre empezar un noviazgo con sus hijas. En cada uno de los casos, les habían dado su permiso, pero cuando llego a preguntar a las hijas, las tres le habían dicho que no. Entonces me dijo, "Yo decidí, ya termine con esto de hablar con el padre primero!" Y cuando, durante un periodo de servicio voluntario en Northern Youth Programs [Programas del Norte para Jóvenes], se encontró con la joven con quien se casaría, se fue directo al grano, hablo con ella de su interés en empezar una relación con ella, y después llamó a su padres para consejo y apoyo. Cualquiera que sea la secuencia, es el VERDADERO honor y comunicación que importan, no solo el tratar de presumir alguna imagen de ello.

A los veintisiete años de edad, yo sabía que Raquel en realidad no necesitaba el "permiso" de su padre para empezar un noviazgo. Ella fue una adulta madura que había comprobado su honor a sus padres bastante tiempo antes. Sin embargo, quería escuchar de su corazón paterno para ella. Once meses después, también me sentaría a platicar con sus padres acerca de mi plan para proponerle matrimonio. Y durante los siguientes veintiocho años, hubo muchas, muchas veces cuando hablaría con ellos de ella, de mí, de nuestro matrimonio, de nuestra familia, y de sus corazones para nosotros como sus padres y abuelos de nuestros hijos. Aún ahora, después de que Raquel esta segura y tranquila en el cielo con Jesús, hablo frecuentemente con sus padres acerca de ella.

Entonces fue en un miércoles por la mañana cuando le hable a su padre Ron, me presente a él, y compartí mi interés en su hija Raquel. El no me conocía, pero había escuchado acerca de mi familia. Y de la forma típica estilo Mennonita pronto teníamos una gran cantidad de conocidos mutuos alrededor de quienes podíamos conectar. Me estaba preparando para la llamada telefónica mas importante de mi vida.

Dos días después, el viernes por la mañana, antes de salir de la casa para concluir otra semana enseñado a mis doce estudiantes en la Escuela Cristiana de Northwood, tomé el teléfono y le hable a Raquel. Ella estaba a punto de salir para cerrar la semana de enseñar los niños de primer grado en la Escuela Cristiana de Kitchi cercas de Pennington.

"Residencia de los Bylers," llego la voz del otro lado de la linea. Fue Clovis Byler contestando el teléfono. (Raquel vivía con Clovis y Miriam, su hermana, en lo que llamaban "La Choza," una cabaña modesta a un lado de la Ruta Escénica.)

"Si, hola Clovis. Este es Ernesto Whitmer hablo de acá de Northwood. ¿Se acuerda que nos conocimos brevemente en el campamento Deeper Life el Día del Trabajo?"

"¡Sí! Si me acuerdo," respondió él. Ya me podía imaginar su sonrisa que lo identificaba extendiéndose de un lado de su cara a la otra. "¿Cómo has estado, Ernesto?"

"¡Estoy muy bien!" Intente parecer valiente y confiado mientras que el teléfono inalámbrico temblaba en mi mano. "¿Quería saber si hubiese posibilidad que pudiera hablar con Raquel?"

Para este punto su sonrisa había penetrado la misma tonada de su voz. "Ah, creo que sí hubiera posibilidad que pudieras hacerlo," respondió Clovis. "Estaba a punto de salir para la escuela, pero creo que tomaría tiempo para una llamada de ti. ¡Aquí está!"

"¿Bueno?" Su voz se escuchaba suave y curiosa. (Yo le había dicho a mi madre años antes que no estaba de acuerdo con el dicho "El camino al corazón del hombre es a través de su estomago." Mi opinión era y aún es, que el camino al corazón del hombre es a través de su voz. Casi con un ceceo, me ENCANTABA la forma en que Raquel pronunciaba sus palabras, y su dulce y melódica cadencia lo hacia aún mejor.)

"Hola Raquel," ofrecí. "Estoy planeado ir para allá para la reunión de jóvenes en un par de semanas, y seria un honor si mi acompañaras para una cita de cena el sábado por la tarde." Espere un rato antes de continuar. "Te puedo regresar la llamada la semana que viene porque estoy seguro que te va a tomar un poco de tiempo para pensarlo y orar sobre ello."

"¡Ah!" Dijo ella. "Suena interesante" Lo voy a considerar. Sí ... ¿por qué no me llamas el viernes que viene como a esta misma hora?"

"¡Ok! Excelente," dije. "Lo haré. Mientras tanto ... ¡pasa una excelente semana!"

¡Ah! Esto no fue tan mal, pensé en mí mismo. Y me gusta mucho como se escucha su voz por teléfono. En realidad se escuchaba un poco emocionada, seguí cavilando, casi en alta voz. Pero, ¡una semana parece una eternidad!

Lo que no sabía en ese entonces fue que justo después de que hablé con su papa el miércoles, él le había hablado ese mismo día. ¡Entonces ella ya lo había estado considerando y orando acerca de ello por un par de días! Y estaba casi del todo decidida para aceptar mi invitación. Pero ella quería orar más al respecto, y (como era modesta) no quería parecer demasiada ansiosa para decir que sí.

¡Pero todo esto fue bueno! En realidad no me molestaba esperar, porque "tiempo en espera no es tiempo desperdiciado cuando estas esperando en el Señor." O cuando estas esperando a tu esposa, o tu novia, o por la que te gustaría que fuera tu novia y posiblemente tu esposa algún día. ¡Esperar es bueno!

Entonces esperé … y oré. Y oré … y esperé. Y luego ayuné … por tres días completos y tres largas noches. Pero esto hizo que el tiempo fuera aún más lento. Cada día parecía un mes. ¡Estaba tan emocionado! Pero bastante emoción sin conocimiento concreto es un poco tonto, ¿verdad? Pero esto se llama esperanza, y según el libro de Romanos, "La esperanza no avergüenza." Y Esperanza es el segundo nombre de Raquel. (Pero yo aún no sabía esto tampoco.)

El siguiente viernes por la mañana amaneció brillante y despejado. El mes de noviembre en Minnesota te puede enfriar hasta los huesos, y esto como mínimo, como Raquel y yo y nuestro pequeña Carita aprenderíamos un par de años después cuando nos mudamos allí de Illinois donde pasamos los primeros dos años después de estar casados. Aún recuerdo los menos -40 °C que experimentamos allí ese primer año, viviendo en una casa trailer con muy poca insolación con dos trabajos de supervivencia necesarios cada día: 1) cortar leña y 2) entrar gateando por debajo del trailer para descongelar los tubos de agua que se habían congelado durante la noche. Finalmente descubrimos que si prendíamos la secadora con la ventilación hacia el espacio debajo del trailer y lo dejábamos correr por una hora o poco más, eso también descolgaría la tubería. Pero esa mañana de noviembre fue diferente. Aún había muchos colores de otoño alrededor de la casa, y el sol brillaba intensamente al lado ese comedor, y la temperatura afuera fue completamente agradable a 70 grados (21 °C) cuando tenias puesta tu parka.

"Déjame ver," pensé. "Ella estaba a punto de salir la semana pasada cuando hable, entonces debería hablar un poco más temprano esta vez. Yo no quiero que se sienta presionada por el tiempo."

"Bueno, habla Raquel." Ella contestó el teléfono después de timbrar la primera vez.

"Bueno, hola, habla Ernesto regresándote la llamada. Me alegra escuchar que ahora fuiste tú quién contestaste el teléfono … pensé que tal vez sería Clovis o Miriam quienes contestarían otra vez."

"Sí … ellos generalmente lo contestan, y decían en forma de broma que iban a contestar y decir que yo no estaba disponible. Pero fueron amables y solo me dijeron que lo contestara. ¿Cómo fue tu semana?"

"Tuve una buena semana. Pareció una semana larga, y difícil en algunas formas. Pase tiempo ayunando y esto. ¡Pero ha sido bueno! ¿Entonces, qué piensas ahora? ¿Quieres salir a cenar la noche de la reunión de jóvenes el sábado?"

Podía sentir mi corazón latiendo fuertemente a través de mi camisa y casi dio un salto para afuera cuando escuché estas palabras: "Sí, creo que eso sería especial."

Y allí empezó … un cortejo que se colmaría en matrimonio once meses después con un paseo sumamente especial a través del Parque Estatal de Itasca a los cinco meses para la confirmación de la propuesta de matrimonio. Había muchas cosas que descubrimos el uno del otro durante las citas cada dos semanas en los meses intermedios, uno de los cuales, no de menor importancia, fue que teníamos tanto en común. Las cosas que en verdad importan en el matrimonio fueron tan obvios allí: compromiso al Señor, vidas de devoción que reflejaban una vida transparente con Él, una historia de servicio cristiano activo, un amor por y una interacción regular con los niños, relaciones honorables con nuestros padres, y dinámicas interpersonales con una multitud de amigos, todos de los cuales estarían listos y dispuestos para dar testimonio de quienes éramos en verdad.

¡Ah! ¿Y mencioné qué tan increíblemente hermosa era? Ya sé que vas a declarar que esto no es esencial, pero en verdad creo que eso es un aspecto importante. ¿Recuerdas de dónde procede la belleza? En primer lugar, la verdadera belleza esta en el espíritu y la belleza dsica depende de la persona que lo observa. ¡Y eso debe quedarse así! Como el Rvdo. Howard Hendricks dice, "Eliges a tu amor, y luego amas tu elección." Cada esposo puede honestamente declarar que su esposa es la más hermosa. Pero en mi opinión, la mia lo fue especialmente. Recuerdo que mi madre me dijo, "Es mejor que no te cases con alguien que no puedas aguantar ver al otro lado de la mesa en el desayuno todos los días." Yo sabía que pudiera hacer esto sin dificultad. ¡Por cierto, estaba casi seguro que pudiera quedarme viendo la cara de Raquel, no solo en el desayuno, sino que en el almuerzo y la cena también, y durante todo el día!

****

Sentados allí en una esquina tranquila del Parque Estatal de Itasca en una pequeña banca en un recodo del camino, volteé y mire a esos hermosos ojos marrones y oscuros y acuñe una palabra que se quedaría con nosotros como una expresión de cariño a diario. "¿Caramelita, te casaras conmigo?" Le dije.

Raquel siempre dijo que le había sorprendido con la pregunta ese día, y en realidad creo que sí lo hice. No de que fuera completamente inesperado, solo que no lo esperaba este día, ¡porque habíamos planeado un picnic para ESTE día! Raquel podía ser romántica (tenemos cinco hijos para comprobarlo), pero también fue muy practica en su forma de ser. Le encantaba tener agendas y estar organizada. Estábamos planeando este picnic por varias semanas, pero había hecho gran esfuerzo para hacerlo parecer algo tentativo y casual. Tenía varios parques en mente y quería que ella fuera la que escogiera el que más le gustara para esta ocasión, pero no quería revelar mi plan. Entonces mientras manejábamos por la Carretera Escénica aún deliberando acerca de cuál parque seria el designado, cambié la dirección del carro dos veces, yendo hacia un par de diferentes parques. Quería aparentar completamente no deliberado mientras considerábamos las opciones en nuestra conversación. Yo estaba preocupado que si manejábamos directamente al Parque Estatal de Itasca—lo opción obviamente mas romántica—se vería demasiado organizado y planeado y revelaría mi intención de proponer matrimonio este día, que sería sin duda como ella lo anticiparía.

Eso fue en mayo de 1984 y nos casaríamos seis meses después en octubre. En febrero ella había escrito a sus padres, "Ernesto dice que él cree que nuestra relación tiene un futuro. Pero hace solo tres meses qué empezamos de novios. ¿Puede una relación que se desarrolla tan rápidamente durar en verdad? ¡Espero que sí, porque me gusta un montón!" Entonces la propuesta de matrimonio no fue del todo una sorpresa para ella, sabemos de las cartas que su mamá me dio recientemente. Sorprendida, o no sorprendida, nunca olvidare la sonrisa poco dispareja que paso por sus labios temprano esa tarde, ni el tono suave de su voz cuando respondió con, "¡Sí, Ernesto! ¡Casemonos!"

Justo allí en ese momento sellamos el acuerdo con un pequeño documento que expresaba nuestro amor el uno por el otro y nuestro compromiso para llegar a casarnos. El año anterior, siete parejas diferentes que conocíamos se habían comprometido para luego romper los compromisos después. Aunque sabíamos que este no fue el tipo de relación que nosotros teníamos, queríamos hacer un punto de invertir ese tipo de resultado en nuestros círculos.

Tomé su mano en la mía mientras que salimos caminando al carro para ir por nuestras cosas para el picnic. ¡Qué mano tan delicada! Tan suave y pequeña y esbelta me parecía. ¡Fue la mano de mi Caramelita! Su mano fue mía, y mi mano de ella. Y la tomaría miles de veces más en enfermedad y salud, en riqueza y pobreza hasta que la muerte nos separo en la camilla del helicóptero de rescate donde la tomé por ultima vez como era … aun suave y pequeña y esbelta. ¡Pero ahora no fue más mía al llegar a ser de Él para siempre!

Ahora mientras llevábamos nuestra canasta para el picnic hacia el sitio para hacer una pequeña fogata para asar los hamburguesas que habíamos traído, empezamos a planear nuestra boda. ¿Sería aún este otoño? ¿O en invierno? ¿O seria una boda de primavera el año entrante? Aún no sabíamos por seguro. ¡Todo lo que sabíamos era que nos amábamos profundamente y que nos íbamos a casar!

Ese verano parece muy lejano en mi mente y un poco nebuloso. Yo sé que ambos terminamos nuestros compromisos enseñando en nuestras escuelas respectivas. Entonces viajamos a Freeport, Illinois, juntos, viajando acompañados de la hermana de Raquel Miriam y su esposo ahora fallecido Clovis Byler. Apenas habíamos salido cuando golpeamos un venado con mi carro en el camino y rápidamente regresamos a la casa de la mamá de Clovis para despellejarlo y meterlo en el congelador. Mi hermano gemelo se casó en Missouri al principio de Junio, como lo hizo la hermana de Raquel Ruthanna mas tarde ese mismo mes. Aparte de esto, viajamos juntos (con el Abuelo Graybill como nuestro chaperon) a Harrisonburg, Virginia, para asistir a la boda de la mejor amiga de Raquel Anna Slabaugh también. Fue un verano muy ocupado para todos, pero especialmente para los padres de Raquel quienes tuvieron dos bodas dentro de tres meses, de una forma premonitoria de las dos bodas en nuestra propia familia 28 años después, cuando nuestros dos hijos se casaron con solo seis semanas de diferencia.

También recuerdo algunas noches en que nos acostamos tarde—Raquel y yo—diseñando nuestro anuncio de compromiso e invitaciones de boda. Ambas fueron diseñadas a mano e impresas en blanco y negro sobre papel azul cielo e incluían la fotograda de compromiso. Estas se enviaron en sobres hechos a mano, Upicos de la mujer practica y eficiente con una orientación domestica que Raquel siempre fue. Exactamente como la mujer de Proverbios 31 del que leemos en la Biblia.

Hablando de la mujer de Proverbios 31, para compartir un poco de humor, debo insertar una historia aquí acerca de Raquel y la forma practica en que podía identificarla con tantas otras mujeres que luchan con este ideal imposible de las Escrituras antiguas que aparenta llevar. Solo meses antes de al muerte de Raquel, estaba manejando nuestra mini-van con Carmen, una de las mujeres más jóvenes en nuestro equipo de ministerio, en el asiento pasajero. Estaban hablado de todas las demandas al ser esposas de hombres visionarios, cuidando de la casa, siendo madres, y trabajando en ministerio cuando Raquel golpeo el volante con su mano y declaró, "¡Yo odio Proverbios 31!" Carmen se suelta a carcajadas cada vez que cuenta esta historia, y yo también porque puedo imaginar a Raquel haciendo esto. No porque en realidad odiaba la Biblia, ni cualquiera de los libros de la Biblia, ni a cualquier mujer en ella, sino porque verdaderamente sabía como identificarse de una forma cotidiana en un nivel practico con otros terrenales. También tenía una lista de cinco cosas que odiaba acerca de ser la esposa de un pastor—buenos puntos bíblicos—pero esto es para otro capítulo.

En medio de las ocupaciones de los planes para la boda juntamente con todo lo demás, el día de nuestra boda finalmente llegó. 20 de noviembre, 1984. Para los siguientes veintiocho años y más allá de ello, esta fecha fue grabada en mi mente y corazón como ninguna otra fecha. Solo con ver las letras y números impresos o escritos a mano todavía hace que mi corazón se acelere. Tan grande hito, un punto tan decisivo, tal monumento memorable para la madurez, esta cosa que se llama matrimonio! Y todo empieza con una boda.

No tiene que ser una lujosa, ni una grande por cierto. Pero sí tiene que ser. No, aparte de en forma narrativa de echo encontramos que la Palabra de Dios nos instruye acerca de las bodas. Mas bien, nos instruye acerca de la vida y matrimonio y el nacimiento de hijos y la crianza de ellos y acerca de las finanzas y la sexualidad humana, papeles individuales en relaciones, y prioridades, y de TODO ello aprendemos algo posiblemente acerca de como se debería ver una boda.

Para mantener la tradición actual, y por razones prácticas, tuvimos un ensayo la noche antes de la boda. Tres de las Hermans de Raquel con sus esposos y tres de mis hermanos y sus esposas proveerían los seis testigos para la ceremonia. Su pastor oficiaría los votos nupciales, y el pastor de jóvenes de mi iglesia proveería un devocional. Lester Troyer, un instructor respetado de la Escuela Bíblica de Maranatha, aportaría el mensaje. Ocho de nuestros amigos mutuos y miembros de la familia cantarían alabanzas en harmonía estilo acapella. Ambos de nuestros padres ofrecerían oraciones de bendición. Practicamos ambos las partes procesionales y recesionales varias veces, nos agrupamos brevemente para dar unos últimos anuncios, y luego nos retiramos al comedor de la iglesia en el sótano para la cena después del ensayo.

¡Oh! Como quisiera que Raquel estuviera aquí para compartir de todos los hermosos detalles que le importaban tanto acerca de nuestro día de bodas: vestidos para las damas, meseras, y otros asistentes, esquemas de colores, la colocación de las mesas y los asientos designados, los floreros, y todo. Yo había hecho los floreros con un torno algunas semanas antes, y yo sé que no había dos iguales. Eso proclamó ella fue apropiado porque no hay dos personas iguales, y estos fueron sus regalos únicos para todos nuestros amigos y familiares quienes nos habían ayudado este día. Ella diseñó y arreglos las flores de seda para los floreros y eso sí eran hermosos, tanto los floreros que había hecho como las flores que ella había arreglado. Años después, mientras visitamos amigos y familiares de diferentes partes del país, miraríamos estos floreros y flores puestos en los mantos de las chimeneas, roperos en los cuartos, y otras partes creativas en sus hogares.

El día pasó tan rápidamente. Raquel fue completamente cautivadora en su vestido de novia que fue completamente blanco. Aún ahora, mirando otra vez a las fotos que se tomaron hace casi treinta años, puedo ver el resplandor de su gozo. Ella estaba rodeada de su familia. Tres de los cuatro abuelos estaban allí este día. ¡Ellos significaban el mundo para ella! Sus padres estaban allí—algo que solo uno de nuestros cinco hijos podrá decir en el día en qué se casaron, ahora que falta su madre. Sus hermanos y hermanas, tíos y tías, y primos estaban allí. Y amigos de todos lados. ¡Y yo estaba allí!

Como el que inicio nuestra relación, significaba tanto para mí ver qué tan grande gozo ella tuvo ese día. Ambos éramos de edad para saber que muchos desados en el matrimonio nos quedaban por delante, pero esto no quito ni un poquito del gozo puro de ese día. Cada uno habíamos encontrado en el otro un amor de Dios para compartir. Sentíamos Su llamado, no solamente en nuestras vidas individualmente, sino que ahora en nuestro matrimonio también. Sabíamos que se trataba de algo más grande que nosotros mismos. En realidad todo se trataba de Él, y estábamos honrados de ser llamados para ilustrar la relación con Él, el Dios del universo, anhela tener con cada uno de sus seres creados y la relación que el Novio anhela tener con su Esposa, la iglesia. Sabíamos que esto era lo que en realidad debía representar el matrimonio, y esto fue lo que queríamos que nuestra boda representara también. ¡Una inmensa realidad nos conmovió profundamente ese día!

Los cantos sonaban del gozo de aquel mensaje: "¡Siempre alegre, siempre alegre! Luz del sol a nuestro derredor. Lleno de belleza es el camino del compromiso. ¡Alegres siempre seremos!" El mensaje de la boda detallo el honor absoluto que la Esposa de Cristo confiere a su Esposo y el hermoso deleite que el Esposo embellece sobre Su Esposa. Amor y respeto; honor y cuidado cariñoso; victoria, reverencia, y adoración para nuestro bueno y asombroso, y maravilloso Dios—estos fueron las temas del día.

Mi novia de bodas y yo.

Reflejos en el Matrimonio

3. La Importancia de Unirse (La Esposa)

LA SUSTANCIA ORIGINAL:

La iglesia debe unirse a Cristo. A la iglesia completamente fiel en Esmirna: "…Sé fiel hasta la muerte, y yo te daré la corona de vida." (Apo. 2:10b)

Solo los que son parte de la iglesia unida y fiel recibirán una recompensa.

EL REFLEJO:

Las esposas deben ser "pegadas" fielmente a sus esposos con la misma unión inseparable con que sus esposos son unidos a ellas. "Que la mujer no se separe del marido; y si se separa, quédase sin casar, o reconcíliese con su marido" (1 Con. 7: 10-11).

Aplicaciones Para Parejas

Su FELICIDAD- ¡El MISTERIO!

Acabo de enumerar siete secretos de lo que se necesitaba para hacer feliz a Raquel como mi esposa. Pero en realidad hay un octavo también. De hecho, es más que un secreto; es un misterio. ¿Sabías qué las esposas son misteriosas? Hay algo único en cada esposa y su relación con ella misma, su esposo, y su felicidad que permanece un misterio que ni aún ellas pueden describir. ¡Pero les encanta cuando tú lo descubres!

R _elación_____ Esposos: Más de lo que ella te ama a ti, ella ama esto.

C _onexión_____ ¡Comparte de ti mismo, o ni pienses en casarte!

T _ransparencia_ Ella es modesta por fuera, pero su alma esta descubierta.

H _ijos_____ Permítele tener las que su corazón desee.

C _onversación__ Palabras tiernas, toque gentil, y una buena …

A _migos_____ Compártelos. Lo de ella es tuyo.

F _amilia_____ Esto llega juntamente con el matrimonio.

M _isterio_____ ¡Lo asombroso de todo ello!

Y por cierto, es completamente bíblico. En Efesios 5, en donde encontramos el primer tratado del Apóstol Pablo sobre el matrimonio, él lo llama un misterio. Luego explica que esta hablando en relación a Cristo y la iglesia—la Esposa de Cristo. Y el formato que él usa es de que Dios diseño el matrimonio desde el principio del Tiempo para ser una hermosa imagen de la relación que Él (el esposo) quiere tener contigo (Su esposa). Conozco a algunos christianos quienes son tan hermosos, tan fieles a esta imagen de esposa/esposo que en verdad creo que si todo el mundo los pudiera conocer, todo el mundo aceptaría a Cristo como su esposo también. Entonces, si eres creyente en Cristo y tienes aún un poco de un corazón para el evangelismo, la primera cosa que deberías considerar es el matrimonio. "Espere un minuto." Dirás. "Me encantaría casarme, pero siempre he sido pasado por alto como una potencial esposa, o rechazado como un potencial esposo. ¡No puedes acertar algo tan ampliamente!" ¿Bueno? Cristo ha sido rechazado por muchas esposas que a Él le encantaría tener. Y la iglesia ha sido pasada por alto y hasta ignorada por muchos que deberían estar dando ejemplo del esposo de Cristo dentro de ella. Pero aún así, el hecho de que Cristo haya sido rechazado no lo impide de SER quien es como el Esposo perfecto, y el hecho de que la iglesia sea pasada por alto, ignorada, y hasta ridiculizada no le impide SER quien es como la esposa de Cristo quien un día será llevada a su hogar en Su cielo para disfrutar de la intimidad total con Él para siempre.

Había algo acerca de la felicidad de Raquel que siempre permaneció un misterio para mí. Cuando llegaba al punto en qué pensaba que lo había descubierto, o finalmente pude cuantificarlo o definir su calidad, *¡Puuf!*—¡desaparecía! Ella todavía amaba nuestra relación, cuando fue lo que debía ser. Ella todavía compartía su conexión de corazón. A ella todavía le encantaba abrir completamente su corazón cuando estuve dispuesto a escuchar. Ella todavía amaba a sus hijos profundamente, todavía anhelaba conversar, y todavía atesoraba a sus amigos y familiares inmensamente. Pero el misterio permaneció. Cuando se revelaba, ella fue entusiasmada, pero cuando no fue descubierto, ella fue tentada a la deflación . Ella en realidad no lo podía describir, y de seguro que si no lo podía describir, yo fui completamente estupefacto en mi intento de describirlo por ella.

Yo te amo hoy porque ... siempre cumples tus promesas.

Hasta este día, la forma más cerca al poder explicarlo es solamente en la búsqueda de ello. Cuando estuve siempre buscando conocerla íntimamente, ella fue siempre feliz. Cuando estuve distraído, su felicidad menguaba. Cuando estuve preocupado en otras cosas, su felicidad permanecía latente. Pero cuando ella sabia que por lo menos la tenia en mente, nos acercábamos más.

¿Suena misterioso? ¡Lo fue! Pero es hermoso porque nos da una imagen de nuestro deleite cuando descubrimos por completo que tan profundamente enamorado esta Dios de nosotros. La mayoría de los cristianos son infelices porque no entienden esto. Y la mayoría de las esposas son infelices porque no se dan cuenta de esto tampoco—tampoco porque no lo reciben de sus esposos, o cómo la Esposa de Cristo, la iglesia, sencillamente no están deleitándose en este amor. Para Raquel y para mí, fue un poco de las dos cosas. Y siguió siendo un misterio, porque solo podíamos ver por espejo, oscuramente, aún no podíamos ver cara a cara. ¡Raquel ahora esta viviendo la experiencia perfecta en el cielo! En la tierra, aún vivo en el misterio.

Temporadas de Luna de Miel

La Historia de Raquel

Las primeras dos horas del viaje en nuestra luna de miel, manejando de Freeport a Chicago, están grabadas en mi mente para siempre. Había sido el día más corto de nuestras vidas—nuestra boda y luego regresar a la granja donde había crecido. En la esquina de su recamara en el segundo piso, compartimos nuestro primer beso. Ahora sentados lo más cercas posible el uno al otro en la camioneta Chevy Luv de mi hermano con nuestros brazos alrededor el uno del otro, de alguna forma logre manejar aunque experimentaba sensaciones de pies a cabeza que nunca había sentido. Pasamos el día domingo en Chicago, y aun alcanzamos a asistir a un servicio por la tarde ese día.

¡Pero qué emoción! ¡Regresando a la primera noche después de la boda! Había decidido tiempo atrás que no haría del sexo el principal enfoque de esa primera noche. ¡Pero más bien lo hubiéramos hecho! Creo que ninguno de nosotros dormimos esa noche, y la hilaridad de lo que alcanzamos a dormir nos hacia soltar a carcajadas cada vez que lo contaríamos juntos los siguientes veintiocho años. Pero de esto ya se dijo suficiente.

Ann Arbor, Michigan, fue nuestra siguiente parada, para luego cruzar la frontera Canadiense a Windsor, Ontario, la siguiente noche, y a las Cascadas del Niagra el miércoles. El jueves por la noche nos encontramos en el estado de Nueva Inglaterra en donde teníamos una suite para luna de miel reservada por cuatro días en New Hampshire. Fue en esta suite donde experimentamos nuestro primer pequeño malentendido en nuestro matrimonio.

Nos habíamos hecho una excelente cena juntos esa tarde y después nos sentamos en la mesa rústica de madera para comer y nos mirarnos a los ojos. Esos ojos profundamente oscuros me atraían a ella cada vez. Y la siguiente cosa que supe la estaba arrastrando hacia el sofá para poder verlos mejor. Pero Raquel, siendo la más responsable de los dos, quería limpiar la mesa ante de relajarnos. En nuestras sensaciones extra sensibles en la luna de miel, tome personal que ella pusiera mayor importancia en limpiar los trastes, y ella lo tomo personal que yo lo tomara personal. Nos reconciliamos mientras lavábamos los trastes y luego sugerí que los termináramos ya que habíamos empezado. Y finalmente fuimos al sofá, haciendo un lateral de dos pasos que duro tres minutos y nos dejo a los dos con falta de aire. Mientras que nos sentamos juntos, me hice un poco a un lado, y ella pensó que me quería alejar de ella. Pero solo quería recuperar la respiración.

Jalándola hacia mí, mire a esos ojos hermosos y dije "¡Tú me enloqueces!"

"No, yo estoy loca por ti," ella replico mientras nos doblamos juntos y pasamos la sexta noche de casados en el sofá.

Bueno, superamos esa noche con algunas lecciones en mano y continuamos para tener tres fantásticos días más en las hermosos Montañas Blancas con colores de otoño en New Hampshire. Habría muchos más ajustes que tendríamos que hacer a travez de los siguientes veintiocho años de matrimonio pero los primeros fueron los más memorables. Aunque he aceptado la perdida de Raquel, me encuentro deseando que aun pudiera estar haciendo ajustes con ella. Hay algo acerca de pasar una vida entera fusionando dos vidas juntas que es un poco adictivo. ¡Tengo un deseo insaciable de seguirlo haciendo!

En camino de regreso a casa de nuestra luna de miel en el lado sur de la frontera, paramos en Cleveland, Ohio donde busqué a un viejo amigo, Dennis Langer, quien estaba atendiendo la Universidad de

Kent State en ese tiempo. Había trabajado con Dennis en una cuadrilla de construcción, y habíamos tenido muchas conversaciones acerca del Señor. Él fue un escéptico del todo, pero por lo menos fue honesto, y yo quería mantener el máximo contacto posible con él. Esta parada fue la primera experiencia para Raquel en que el ministerio llegara a ser un estorbo en nuestro matrimonio, pero ciertamente no sería el último.

Aun así, ella lo tomó de buena forma y esperó pacientemente en el Luv mientras entré a la biblioteca de diez pisos para ver si podía encontrar a Dennis. (Por supuesto, esto fue antes de los días de celulares o él hubiera podido dirigirme a donde estaba sentado.) Después de buscarlo en varios pisos, finalmente lo encontré en el séptimo nivel, sentado en una cabina de estudio. Por poco y paso sin verlo, y la sorpresa que se vio en sus ojos cuando me vio allí inesperadamente lo valió todo. Yo era la última persona que él esperaba que llegara caminando hacia él en el séptimo piso del edificio de la biblioteca en la Universidad de Kent State. Dentro de una hora, yo había regresado para seguir amando a mi nueva esposa en el Chevy Luv.

Dentro de dos semanas estábamos de vuelta en Illinois acomodándonos en nuestro pequeño apartamento de una recamara que estaba pegado a la casa del Abuelo y Abuela Graybill en Dakota. Nos quedaban $6.00 en nuestro bolsillo (aparte de lo que nos habían dado como regalo el día de nuestra boda), pero el apartamento venía completamente amueblado incluyendo una cama individual en la recamara. (Esto, debería agregar, es porque llegamos a tener nuestro primer hijo tan pronto.) Eventualmente gastamos una parte del dinero que recibimos como regalo de boda para una cama de agua tamaño queen que nos duro hasta el año décimo octavo de nuestro matrimonio. Después de esto compramos una cama de aire con controles dobles, que tengo hasta el día de hoy.

En enero del 1985, estando casados por diez semanas, embarcamos en otra experiencia de luna de miel—nuestro primer semestre sirviendo como encargados de los hombres y mujeres en la Escuela Bíblica de Maranatha. Estos fueron meses agradables, siendo intermediarios entre los jóvenes y los que dirigían la escuela en un ambiente de alabanza y aprendizaje. Dirigiendo el coro con Raquel, cantando en el, y enseñando una clase aparte. Fueron buenas experiencias. Nunca olvidaré la noche en que los dos nos levantamos de la cama cuando escuchamos el ruido de pasos sobre la nieve en el techo plano sobre nosotros. No había duda, la siguiente mañana cuando me subí al techo para checar que había pasado, había huellas que atravesaban lo largo del techo del edificio de la escuela y luego mostraban que el intruso se había brincado del techo a un banco de nieve. Quedé convencido de que no había sido ninguno de los estudiantes pero algún muchacho del pueblo que decidió tomar una caminata de medianoche en el techo de una escuela bíblica.

Otra experiencia que pasamos por primera vez fue enseñar cómo pareja en la Escuela de Kitchi Pines donde Raquel había estado enseñando cuando recién empezamos de novios. Para ella, fue como regresar a casa. Ella siempre amaba el ambiente de la iglesia de Kitchi y había enseñado en su escuela por un total de seis años antes de estar casada. Ahora hacerlo juntos fue una experiencia agradable para los dos. Sus años como maestra tuvieron mucho que ver con prepararla para ser una excelente madre y maestra en casa para nuestros propios hijos en los años que siguieron.

Un par de meses antes de nuestro sexto aniversario de bodas, fui ordenado por la Hermandad del Medio Oeste como pastor asistente en la iglesia de Northwood Chapel cercas de Littlefork, Minnesota. Y aunque esto también fue algo nuevo para nosotros, ¡No fue una luna de miel! En un sentimiento de desesperación de que su hijo renunciara repentinamente como pastor, nuestro supervisor rápidamente había planeado que se llevara a cabo una ordenación para reemplazarlo dentro de los siguientes seis meses. La iglesia apenas se estaba recuperando del conflicto interno de la familia del supervisor, y un hermano novato trataba de promoverse para tomar el lugar de su hijo. Entonces cuando fui escogido por la iglesia para recibir la ordenación, llego con un paquete completo de problemas no resueltos. Esto fue el contexto en que Raquel desarrollaría los primeros puntos de su lista de "Porque Odio Ser la Esposa de un Pastor."

Aunque esta experiencia nos lanzo al área del liderazgo en la iglesia, el ministerio, y el cuidado pastoral como ninguna otra cosa pudo haberlo hecho, estuvo muy cercas de destruirnos también. Recuerdo como Howard Bean, el moderador de la conferencia de la Hermandad del Medio Oriente, citó a otra persona al momento de introducirnos a la conferencia, diciendo que para dar ordenación a alguien al ministerio es para "reducir sus posibilidades del cielo." He llegado a creer que la mayoría de las cosas por las que llegamos a tomar responsabilidad en el ministerio fueron nada menos que combate espiritual en contra de todos las fuerzas que Satanás había puesto en nuestra contra. Todos estos fueron posiciones a las que fuimos llamados por Dios en una forma u otra. Posiblemente pudiéramos haberlos rechazado y tal vez debimos de haberlo hecho. Pero Dios nos dio paz en cada encrucijada de decisión, y en retrospectiva, aunque no quisiera volver a pasarlos otra vez, no cambiaria nada de lo que hicimos. Las lecciones que moldearon nuestras vidas, y abrieron puertas fueron de gran valor para ambos de nosotros, y proveyeron un crisol de gracia para nuestros hijos también. ¿Sufrieron ellos? Por supuesto que sí, juntamente conmigo y Raquel. Pero las capacidades en la vida que estas experiencias le otorgaron a nuestra familia nunca pudieron haberse dominado de otra forma. ¡Dios sabe lo que hace!

Hubo ocasiones en que parecía que esto fue precisamente la meta de algunos que jugaban "bola dura" de una forma política con nuestras vidas: para mandarnos directamente al infierno. Pero sin la ordenación en Northwood Chapel, dudo que jamas hubiera tenido el valor de ser parte de empezar Christian Life Chapel [Iglesia de la Vida Cristiana] en International Falls siente años después. Y sin los diez años de experiencia en CLC [Iglesia de la Vida Cristiana por sus siglas en ingles], es difícil imaginar que tuviera el valor de seguir al Señor hasta Los Angeles, California. Y sin los siete años que he estado aquí, nunca estaría listo para las responsabilidades actuales en el ministerio de sembrar iglesias. Una cosa lleva a la otro, gracia sobre gracia, con una abundancia de oportunidades por todos lados.

El Unico Lugar Seguro

Raquel fue cautelosa y tranquila y le gustaba quedarse en casa. Hacer cosas nuevas no fue en realidad su punto fuerte. Pero, para un pionero como yo, ella fue la pareja perfecta. Si no la hubiera tenido en muchas de estas nuevas fronteras, es probable que me hubieran aniquilado en la primer incursión. Ella me mantenía anclado y con una perspectiva realista, pero a la vez, siempre estaba dispuesta a seguirme como yo seguía a Cristo. Es por esto que la seguí llamando "Caramelita": ella era un montón de realidad, siembre dulce y pegajosa, permaneciendo junto a mí en cualquiera situación.

Mudarnos a Los Angeles fue su ultima experiencia de "luna de miel" conmigo. Ella batallaba con el pensamiento de vivir en un metrópoli tan grande. Recuerdo decirle de una forma casi profética una vez mientras estábamos considerando todo esto de mudarnos a Los Angeles: "Yo creo que Dios tiene una pequeña casa para ti justo en el medio de Los Angeles, una parte en donde te sentirás perfectamente cómoda y segura." No lo dije para torcerle el brazo, pero solo porque senv que lo debía decir. Y en el momento, fue asombroso para mí de la forma en que lo acepto casi como una promesa.

Veinte meses más tarde, después de mudarnos temporalmente al Inland Empire (una metrópoli cercas de Los Angeles), estábamos visitando casas de renta en Los Angeles regularmente, anticipando la necesidad de mudarnos de nuevo cuando nuestro contrato en Upland expirara el 1 de Octubre del 2009. En lugar de llevar a toda la familia a ver un montón de diferentes casas, yo visite a más de 50 casas a solas en un proceso de preselección para eliminar cualquier casa que yo rápidamente podía ver que no serviría para nuestra familia. Entonces, si yo consideraba que una casa tenía algo de potencial, yo traía a Raquel para verla junto con los hijos que pudieran. Habíamos visto algunas docenas de casas ese día. Cada vez, podía saber casi sin una palabra si esta era la casa designada o no. Había un par de casas que todos la veíamos como buena opción, pero luego por una razón u otra, algo pasaba u otra persona nos ganaba la oportunidad.

Pero justo a tiempo, una casa disponible apareció en el sitio de internet de Westside Rental a la que nos habíamos suscrito. Estaba en el área de Mt. Washington. Pase por en frente en el carro y parecía tener potencial. La única cosa que me preocupaba era que estaba en una calle que estaba algo inclinado, y todos estábamos de acuerdo como familia que no queríamos vivir al lado de un cerro. Pero decidí que valía la pena considerarla. Entonces recogí a Raquel un día y fuimos a ver la casa. Tenia cinco cuartos, que fue ideal para que pudiéramos acomodar a los trabajadores voluntarios cuando vinieran. Y aunque cuatro de los cuartos eran un poco chicos la recamara principal fue de buen tamaño y tenía su propio baño. Fue una casa de tres pisos con la cocina, sala, y comedor todo en el piso principal de en medio. Dos cuartos estaban en el piso de abajo con un baño, una sala de estar, mucho espacio para guardar cosas, y un espacio de oficina aparte. Los otros tres cuartos incluyendo el dormitorio principal estaban en el piso superior, con otro baño completo. Caminamos por la casa varias veces. Podía notar que Raquel se estaba animando a considerar esta casa.

Al salir de la casa y bajar por la inclinación de seis grados hacia nuestro carro, volteé a verla y le pregunte, "¿Entonces qué opinas?"

Su respuesta me llevo de inmediato a lo que había dicho proféticamente veinte meses antes. Ella sonrió con su sonrisa conocedora poco dispareja y dijo sencillamente, "¡No hay nada mal con esta!"

Yo supe en ese momento que la habíamos encontrado; ella se sentiría tranquila y segura en esta casa. No estaba justo en el medio de Los Angeles como había sugerido, pero estaría justo en medio de la voluntad de Dios. ¡Y este es el único lugar seguro!

Su Inspiración

Cercas de ese tiempo, durante uno de nuestros tiempos de reflexión y conversación en Minnesota mientras resolvíamos una respuesta a la invitación de Choice Books para mudarnos a Los Angeles, un día Raquel me dijo, "Si nos mudamos a Los Angeles, ¿sabes lo que en verdad me gustaría?"

"No, ¿Qué?" Respondí ansiosamente deseando acumular en mi corazón y mente todas las cosas que la pudieran hacer lo más feliz posible con un cambio tan memorable de mudarnos de un lado del país al otro.

"Si pudiera llegar a conocer a una señora amable de tez negra por allí en alguna parte, y nos pudiéramos sentarnos a tomar té de vez en cuando … Creo que eso sería muy dulce."

El viernes antes de su muerte, unos minutos antes de que nos subiéramos a nuestra mini-van Kia 2003 antes de salir para la boda de Asher en Colorado, Raquel dijo, "Me pregunto si Dashiel quisiera cuidar a Caspian y Tinker por nosotros mientras que estamos fuera. Parece que le gustan los animales."

Caspian y Tinker eran nuestro perro y gato. Pero Dashiel era nuestra vecina justo al frente de nosotros en donde vive con su esposo Mike y sus dos hijos. Dashiel es originaria de Inglaterra. A Raquel le encantaba su acento Británico y de seguido decía "¡Me gustaría poder conocerla mejor algún día!" Por la ternura y frecuencia con que decía esto, me empecé a preguntar si a caso Dashiel fue la "señora de tez negra" que Raquel había estado deseando conocer para que pudieran tomarse un té juntas de vez en cuando.

"No sé," respondí. "Es posible que si le gustaría—¡O, mira! Allí esta justo afuera de su casa ahorita. ¿Porque no vas y le preguntas?"

"No, no la quiero molestar ahora. Parece que esta ocupada," Razonó Raquel, un poco desanimada.

"¡No, en serio! ¿Por qué no vas y lo averiguas?" Insistí.

"Ok, ya vuelvo," dijo mientras se apresuro a cruzar la calle.

Me adelante a subirme a la mini-van mientras que esperaba que regresara. Un par de minutos después, regreso animada.

"¡Estoy tan contenta!" Exclamo, con una cara brillante. "Ella lo hará por nosotros. Y ahora tengo su numero de teléfono, su numero de celular, y hasta su correo electrónico. Estoy ansiosa por conocerla mejor cuando regresemos de la boda."

Pero ella nunca regresó. Cuatro días después se fue al cielo donde hay muchas mujeres con quienes tomar té celestial, Ingleses, y de tez negra también."

En los meses recientes, he reflexionado sobre el amor de Raquel para tomar té (y por conversación en realidad), su anhelo de conectarse con el corazón de otros, y su deseo de un día tener té y conversar regularmente con una señora de tez negra. Yo creo que en verdad disfrutaría estar con Akua (a-kui-a) Osei-Bonsu, una señora de Ghana quien ha estado asistiendo a nuestra fraternidad en los meses recientes. Solo puedo imaginarlas a las dos disfrutando una taza de té de miel y jengibre de Akua y orando juntas. Raquel fue una guerrera de oración privada, alineándose con el Señor y haciendo guerra con el enemigo de su hogar y cuarto de oración, pero aun así estaba dispuesta para orar conmigo en público a un lado del asta de la bandera en el centro de la ciudad de International Falls. Akua es una guerrera de oración apasionada quien se alinea con el Señor y hace combate de mano a mano con el enemigo desde su programa de televisión, una plataforma mas publica para la oración. Pero también esta dispuesta para encerrarse en su dormitorio por ocho o diez horas a la vez, orando en privado e intercediendo para un sinnúmero de sus amigos y familiares. De alguna forma creo que es probable que fueran amigas, tomaran té juntos, y oraran juntas.

La Esposa de Cristo

Hay etapas de lunas de miel en la iglesia también. Los Hechos de los Apóstoles registran muchas experiencias por primera ver qué eran asombrosas para la iglesia joven que Cristo estableció aquí en la tierra en los cortos tres años y medio de Su vida en ministerio.

Imagínate experimentar el primer derramamiento del Espíritu Santo en el día de Pentecostés. La emoción de la influencia divina, de ver qué Dios se encontrara con el hombre en una forma nunca antes experimentada. ¿Cómo hubiera sido poder ver la ascensión de Cristo otra vez al cielo y escuchar Su voz, "Recibiréis poder cuando halla venido sobre vosotros el Espíritu Santo" (Hechos 1:8)? Poder inherente, poder para hacer milagros, poder moral, poder de influencia, el poder de números—todo este poder fue dado por primera vez por el Espíritu Santo a la iglesia. ¡Qué luna de miel tan emocionante!

¡Imagínate ver a 3,000 personas ser salvas al mismo tiempo! Imagínate el impacto de tal acontecimiento en una ciudad. ¡Fue la primera vez que esto jamas había acontecido! ¿Cómo hubiera sido poder formar parte de la primera hermandad? ¿De ser testigos de las primeras sanaciones sobrenaturales de los apóstoles? ¿De escuchar los primeros sermones y debates entre los primeros lideres de la iglesia y de observar a la joven iglesia enfrentándose al sistema judaico establecido? ¿Poder ver a los cristianos siendo arrastrados antes una corte de la ley y siendo encontrados culpables de predicar a Jesus por la primera vez en la historia? ¿O cómo hubiera sido poder vender todo lo que tienes, juntar todos tus recursos con los de los creyentes, y tener todo en común? ¡Imagínalo! ¿Qué tal la prueba con Ananías y Safira?

La conferencia de Jerusalén—esto fue realmente una luna de miel al tratar de encontrar una solución a las diferencias entre los creyentes Judíos y Gentiles para luego ver la unidad que resulto de esta primera colección de discernimiento y sabiduría en un esfuerzo para resolver un problema practico en la iglesia. ¿Cómo hubiera sido poder ser uno de estos siete primeros diáconos? ¿O cómo hubiera sido poder ver a tu diácono ser apedreado hasta la muerte en la plaza de la ciudad? ¿Cómo hubiera impactado tu fe al poder experimentar la fragmentación repentina de la iglesia mientras todos huían por sus vidas? ¿Te hubiera gustado estar presente cuando recién apareció este muchacho Saulo de Tarso? ¿Y luego ser testigo de su transformación completa, convirtiéndose de perseguidor a ser perseguido?

¿Y qué del desafío de intentar de incorporar personas Gentiles a un cuerpo de creyentes Judíos? ¿Cómo hubiese sido para Pedro poder explicar su visión de una sabana extraña llena de animales inmundos que ahora podían comer y que tuvo que convencer a todos de que esto en verdad era del Señor y no solo su propia imaginación acelerada? Y después cuando Pedro recibió la carta de "salir libre de la cárcel" mientras que fue milagrosamente guiado fuera de la prisión. ¡Me hubiera encantado escucharle contar esta historia a los demás!

Y luego Pablo empezó a tomar esos viajes misioneras extendidas y reportando otra vez acerca de toda la emoción—y oposición—a travez de la región. El desacuerdo que tuvieron Pablo y Bernabé fue tan grande que ya no pudieron trabajar juntos. ¿Hubiera sido esto la primera división de la iglesia? Luego había este gran alboroto en Éfeso—¡qué escándalo! La verdad que fue un plan necio intentar matar a Pablo, ¿y no hubiera sido emocionante ser parte de ayudarle a evadirlo? Y luego esto apariciones asombrosas de Pablo ante Felix, Festo, y Agripa—¡qué barullo fue esto! Él fue un mentor tan bueno para todos. Más el naufragio qué paso y la mordedura de serpiente que milagrosamente no lo mato. ¡Qué hombre! ¡Qué Dios tenia él! ¡Y qué luna de miel mientras que la nueva iglesia fue establecida!

Reflejos en el Matrimonio

4. El Factor de Amor/Respeto (El Esposo)

LA SUSTANCIA ORIGINAL:

Cristo amo a Su Esposa lo iglesia suficiente para morir por ella.

"Así como Cristo amó a la iglesia, y se entregó a sí mismo por ella" (Ef. 5:25b).

<u>EL REFLEJO:</u>

Los esposos deben amar de una forma sacrificadora.

"Maridos, amad a vuestra mujeres, así como Cristo amó a la iglesia, y se entrego a sí mismo por ella" (Ef. 5: 25).

El amor verdadero se mide por el sacrificio. La autoridad divina y espiritual del marido tiene que ser arraigado en el sacrificio de él mismo. El amor verdadero siempre es acompañado por la humildad. ¡El liderazgo no es un derecho; es un deber! Tal humildad tipifica la calidad de humildad que qué Cristo demostró.

<u>*"Haya, pues, en ustedes esta actitud*</u> *que hubo también en Cristo Jesús, el cual, aunque exisva en forma de Dios, no consideró el ser igual a Dios como algo a qué aferrarse, sino que* <u>**se despojó a Sí mismo**</u> *tomando forma de siervo, haciéndose semejante a los hombres. Y hallándose en forma de hombre, se humilló Él mismo, haciéndose obediente <u>hasta la muerte,</u> y muerte de cruz" (Fil. 2:5-8, NBLA).*

Aplicaciones para Parejas

Ella Honró Mis Relaciones

Para las mujeres, se trata de la FELICIDAD ... una felicidad que es el resultado de sentirse completamente apreciada como ser el tesoro único como Dios las creo. Para los hombres, se trata de HONOR ... una sensación de propósito que proviene de sentirse acreditado por el valor distintivo que Dios ha puesto en ellos.

Esto no es académico, es instintivo. Son cosas del corazón para ambos el hombre y la mujer. Para que yo pudiera conectar con el corazón de Raquel, tenia qué poner importancia en su felicidad. Y para que ella pudiera conectarse con el mío, ella le tenia que poner importancia a mi honor. Algunos hombres simplemente no lo entienden y no les pudiera importar menos la felicidad de sus esposas, y algunas mujeres no tienen ninguna idea acerca del honor, descartandolo diciendo que es una obsesión de ego.

Siete secretos, y ocho, si cuentas el misterio de todo ello, fueron las llaves para la felicidad de Raquel que estaban conectadas directamente con su corazón. Seis de estos están atados directamente a mi corazón, también, revelando cómo ella me honraba como su esposo.

R =__Relaciones__: Cara a cara en el matrimonio; hombro a hombro con mis amigos.

A =_____: El deseo de servir y de guiar es la esencia de autoridad y hombría.

Q =_____: Dios puso dentro de cada portador de Su imagen varón este cromosoma.

U =_____: Algo dentro de la genética del hombre anhela proveer y proteger por los que están bajo su cuidado.

E =_____: Muchas mujeres se relacionan con los hombres en menosprecio, pero esto es lo opuesto del menosprecio.

L =_____: Esto es poderoso para un hombre. Una mujer que honra cree más en su marido de lo que él cree en él mismo.

Las relaciones con otros no solo le importaban a Raquel para ella misma, sino que le importaban para mí también. En primer lugar, ella quería darme el valor de una relación profunda en matrimonio. Entonces, como mi esposa, a ella le importaba mi corazón, aún en tiempos cuando tendía a desatenderlo yo mismo. Ella fue intencional en descubrir lo que fuera que me vivificaba como persona espiritualmente, emocionalmente, y fisicamente. Ella sabía que si nuestro matrimonio iba a ser un buen matrimonio, tendría que prosperar en cada uno de estos niveles.

A Raquel le importaba mi relación con el Señor y fue un apoyo constante para mi espiritualmente, asegurando de que siempre tuviera suficiente tiempo a solas con Él. También le importaban mis dones espirituales y le encantaba verlas en acción. Ella honraba mis emociones también. Ella entendía mi sentido de humor y reforzaba mi alegría, pero también entendía que cuando son heridos los sentimientos de un hombre tiende a enojarse, en contraste a una mujer que tiende a llorar.

Raquel quería que mi relación con ella fuera completa, entonces se entrego a mí del todo: en espíritu, alma, y cuerpo. Ella estaba de acuerdo con la doctrina sencilla que nos entrego Pablo en las Escrituras y que fue enfatizada por la Dra. Laura y Sarai Eggrichs quienes les preguntaban a sus audiencias femeninas, "¿Porque alguna vez te rehusarías a darle algo que toma tan poco tiempo y lo hace tan feliz?" O tal vez pudiera decir, " …que lo hace sentirse tan honrado?" ¡Tener sexo con la mujer más hermosa del mundo es un honor que cualquier mujer le puede dar a su marido!

Pero Raquel no solo honraba mi relación con ELLA—ella veía a todas mis relaciones como importantes. Ella respetaba mi necesidad de conexiones de hombro-a-hombro con otros hombres. Ella amaba mis tiempos de tomar café y reuniones de oración con varones Cristianos en nuestra comunidad y vio la necesidad de formar relaciones redentoras como crucial al evangelismo entre los incrédulos. Y aunque en veces ella se sentía que la dejaba por un lado, por lo común no me resentía por ello. Mas bien, ella se esforzaba por mantener actitudes positivas hacia los grupos de personas y las circunstancias que me alejaban de ella tantas veces. Pero el hecho de que otros me amaran, también, solo la hacia admirarme mas.

Para todas ustedes mujeres que anhelan intimidad mas profunda con su marido—tomen este consejo de la vida de Raquel como una mujer de influencia. Tu esposo va a recordar los claves para tu felicidad si tú recuerdas honrar su corazón también. El es un hombre, entonces no te acerques a tu relación con el de la misma forma que lo harías con tus amigas mujeres. Déjalo ser quien es: tu complemento masculino. ¡Y dele el tiempo, espacio, y apoyo para estar con otros hombres también! Y mientras tanto, ve a tomarte un té con tus amigas.

Capítulo 11

Belleza Sin Fin—Esta Novia de Bodas

La Historia de Raquel

Muchas mujeres maravillosas nunca llegan a casarse. Pero cuando Raquel y yo nos casamos en el 1984, setenta por ciento de las mujeres Estadounidenses se casaban antes de los 24 años. Entonces según las estadísticas para ella tener 28 años cuando nos casamos fue fuera de las expectativas del promedio. Esto en si, probó su confianza en la habilidad de Dios para proveer para ella, y la llevó a ejercitar su fe en formas que no solo se mostrarían de beneficio en ese tiempo sino que también para poder dar consejo y animo a muchas otras mujeres jóvenes en los años que siguieron. Las mujeres que no solo sobreviven esta prueba de su fe sino que FLORECEN dentro de ella, son mujeres que valen la pena notar. ¡Y yo, sin duda agregaría—que son mujeres con quienes vale la pena casarse!

Pero la espera puede llegar a desmoralizar. Sin embargo, el peligro y la responsabilidad más grande es con los HOMBRES quienes se DEBEN casar con ellas. Aún los varones cristianos demasiadas veces consideran que las cualidades de carácter y la belleza interior están muy abajo en la lista de cosas de importancia en una mujer. No es de sorprenderse que más del cincuenta por ciento de los matrimonios "cristianos" terminan en divorcio, justo a la par con la probabilidad entre los incrédulos.

Raquel tuvo varios pretendientes antes de que yo llegara. Uno de ellos pensaba que era demasiado "atrevida." ¿Puedes imaginarte esto? ¡No pudieras si en verdad conocieras a Raquel! ¡Ella no era atrevida de ninguna forma—él estaba del todo equivocado! Otro pensaba que era demasiada quieta. ¿Cómo puede ser eso? Especialmente después de terminar con la relación con el que la llamaba "atrevida." ¡Ojalá que las personas se callaran si no tuvieran nada que decir! Y luego estaba el otro que llegó al punto de convencerla de darle un beso para luego terminar con ella. ¡Él Eene las cualidades de un idiota de primera clase! Pero esta bien. Ella escapó de la tragedia de jamas estar casada con él y nunca tuvo que volver a darle un beso. Y para mi—no, no fue demasiada atrevida y no fue demasiada quieta. ¡Era perfecta! ¿Y el beso? Bueno, yo te puedo llevar justo al lugar donde nos dimos el primer beso, allí arriba en la equina de su recamara en la tarde del día en que nos casamos, DESPUES de la boda, justo antes de salir para Chicago para pasar nuestro primera noche juntos.

Estos fueron algunos de los rigores al principio de la vida adulta de Raquel. Pero aún había más rigores por venir. Estar casada conmigo en si no fue cosa pequeña. Todo lo que tienes que saber acerca de Raquel se puede sumar en la forma profunda en que fue "ayuda idónea [adecuada] para él" (Gen. 2:18). Ella permitió "formarse de mi costilla" de tal forma que ella trajo sus fortalezas para complementar mis debilidades perfectamente. Esto fue verdad ambos en la forma típica de las diferencias de varón/hembra de cerebral/fuerza/liderazgo en contraste con las características de corazón/apoyo/relación.

Pero tal vez aún más significativo fue la agilidad asombrosa con que ella me balanceaba en áreas de diferencias personales. Yo era extrovertido y hablador; ella fue reservada y pensativa. Yo fui aventurero y aveces tomaba riesgos; a ella le encantaban los caminos familiares y fue eternamente cautelosa. (Es por esto que me duele por dentro cada vez que me pregunto cómo hubiera podido cruzar en frente de esta camioneta Dodge Ram el día en que murió. ¡No fue algo que ella hiciera!) Me encantaban los lugares públicos, pero para ella, nuestro hogar fue su refugio. En breve, ella fue lo que me hacía quien era. Ella fue mi complemento perfecto.

Raquel me siguió a donde quiera que el Señor nos dirigía. Pero no fue impetuosa. Mas bien, ella fue estable con un sentir claro de dirección. ¡Pero aun así me siguió! Ella dejaría el contentamiento tranquilo de nuestro hogar vez tras vez para salir a los lugares publicas para conectarse con personas que jamas había conocido, solo porque sabia lo tanto que me importaba que ella estuviera conmigo.

Después de solamente dos años de estar casados, ella dejo las tierras de cultivos pacíficos del norte de Illinois para seguirme a la comunidad recreativa fronteriza de Voyager's National Park y la "Hielera de la Nación"—International Falls, Minnesota. Y luego veintiún años más tarde ella me siguió otra vez, no para regresar a lo seguro y familiar, sino hasta lo "ultimo" del interior de la ciudad de Los Angeles. Yo sé sin duda que si no hubiera sido por su determinación para honrarme como su esposo y de confiar en Dios en mi habilidad para escucharlo, no hay forma de que se hubiera mudado para allá. La persona quien ERA Raquel no acoplaba naturalmente con lo que ES Los Angeles. ¡Pero sé mudo! Y resulto en mi deleite inmensa y la bendición abundante de cada vida al que ella tocó en los cuatro años y siete meses que estaría allí antes de su muerte.

Su Inspiración

¡A Raquel le encantaba una buena risa! No importando si fuera de su propio sentido de humor, o si provenía de sus hijos o sus hermanos, o hasta en veces de tu servidor, le encantaba reírse. Sus hermanos especialmente tenían algunos hilos cómicos que fueron particularmente entrañables a ella, de los cuales sus hijos rápidamente aprendieron a través de un efecto casi osmótica de estar expuesto regularmente a ello. El correo siguiente ilustra un hilo en particular. La mezcla de nostalgia casi dolorosa y diversión placentera la levantaba un poco y la sacaba de este momento melancólico.

Ella les escribía a sus hermanos y padres acerca de la forma en que el silencio parece tan ruidoso con su hijo de dieciséis años volando al otro lado del mundo en un viaje a Tailandia, el sentir de que la relación entre Marcel y Krista se estaba poniendo seria, y que Carita estaba terminando su carrera en Ingles—todos dándole el sentir premonitorio que sienten los padres cuando sus hijos empiezan a salir del nido. Termina con una referencia a un gato que esta caminando por la casa, maullando. Su hermano Dan sigue sobre ello y se asemeja al gato maullando, con quien Carita colabora en relación al la estructura de la oración, y por supuesto, su carrera en Ingles. Entonces Raquel ofrece ir a ayudar a su hermano a averiguar qué es lo que necesitaría para dejar de caminar maullando por la casa y luego dice que esta alegre que **ella** no es la que esta caminando por la casa maullando. ¡Disfrute el intercambio!

---------- Mensaje Reenviado ----------

De: Raquel Witmer rhwitmer@hotmail.com

Asunto: RE: El silencio de hoy es tan ruidoso …

Fecha: Mart, 19 Abr 2011 12:16:44 -0500

¿Es necesario que yo vaya para averiguar qué es lo que necesitas? Carita pensó que parecía que *yo* estaba caminando por la casa maullando … esto no va a pasar … ¡por lo menos no todavía!

----- Mensaje Reenviado -----

De: Dan Schrader, dps1831@comcast.net

Asunto: Re: El silencio de hoy es tan ruidoso …

Fecha: Mart, 19 Abr 2011 10:45:19 -0500

Yo me puedo relacionar … con el gato.

----- Mensaje Original -----

De: Raquel Witmer rhwitmer@hotmail.com

Enviado: Lunes, 18 de Abril, 2011 4:01 PM

Asunto: El silencio es tan ruidoso hoy …

Esta mañana, llevamos a Asher y su buen amigo, Duane, al aeropuerto. Sus madres están agradecidas de que pueden viajar juntos. Ya deben estar en en el aire en su vuelo de 14 horas a Changhai, China, donde tienen una escala de 17 1/2 horas para luego volar a KunMing en China con otra escala de 26 horas antes de su ultimo vuelo a Chang Mai, Tailandia, llegando en el transcurso del día jueves.

Fue un poco más difícil verlo irse, en parte porque pudieran haber varios cambios significantes en los siguientes meses y nuestra vida como familia "puede nunca volver a ser igual." Carita esta trabajando en terminar su curso de estudio en los siguientes meses ¿y luego adivina qué? Kristi esta terminado su preparatoria y espera poder asistir a SMBI [Escuela Bíblica Menonita de Sarón por sus siglas en Ingles] el siguiente invierno y si Marcel y Krista siguen como están ahora, el esta hablando de pasar las vacaciones de invierno en Pensilvania y/o mudarse para allá por un tiempo después de salir de clases el siguiente año. Pero los enseñamos para seguir a Dios y llega el tiempo en que tenemos que dejarlos ir … y 'darlos' de regreso, por decir … libres para seguir. ¡Le doy gracias a Dios por todas las memorias maravillosas … y más que vendrán en una forma diferente!

Hoy, aparte de qué Marcel y Asher están afuera, Carita esta en el trabajo y Kristi y Christopher acaban de salir con Ernesto para ir a la bodega. Van a estar haciendo una parte de los trabajos de Asher con los libros mientras que él esta fuera.

Y aquí estoy, intentando descubrir qué es lo que le pasa al gato … caminando por la casa maullando … hmmm.

¡Que Dios les bendiga a todos!

Con Amor,

Raquel

La Esposa de Cristo

De la misma forma en que la primera esposa Eva fue tan fácilmente disuadida para apartarse Dios en el hermoso Jardín de Edén bajo el ojo cuidadoso de Adan, de la misma forma nosotros como cristianos podemos ser rápidamente distraídos de Cristo aún que Él nos ha provisto de todo lo necesario para que podamos triunfar. El Apóstol Pedro nos ruega:

"Gracia y paz os sean multiplicadas, en el conocimiento de Dios y de nuestro Señor Jesús. Como todas las cosas que pertenecen a la vida y a la piedad nos han sido dadas por su divino poder, mediante el conocimiento de aquel que nos llamó por su gloria y excelencia, por medio de las cuales nos ha dado preciosas y grandísimas promesas, para que por ellas llegaseis a ser participantes de la naturaleza divina, habiendo huido de la corrupción que hay en el mundo a causa de la concupiscencia.

"Vosotros también, poniendo toda diligencia por esto mismo, añadid a vuestra fe virtud; a la virtud, conocimiento; al conocimiento, dominio propio; al dominio propio, paciencia; a la paciencia, piedad; a la piedad, afecto fraternal; y al afecto fraternal, amor. Porque si estas cosas están en vosotros, y abundan, no os dejarán estar ociosos ni sin fruto en cuanto al conocimiento de nuestro Señor Jesucristo. Pero el que no tiene estas cosas tiene la vista muy corta; es ciego, habiendo olvidado la purificación de sus antiguos pecados.

"Por lo cual, hermanos, tanto más procurad hacer firme vuestra vocación y elección; porque haciendo estas cosas, no caeréis jamás. Porque de esta manera os será otorgada amplia y generosa entrada en el reino eterno de nuestro Señor y Salvador Jesucristo." (2 Pedro 1:2-11)

Las cosas que hacen a una novia de bodas tan hermosa y dulce también la hacen vulnerable en otras formas. Así es con la Esposa de Cristo. Para llegar a ser Su esposa significa exponernos a Él en todas las formas … para llegar a ser completamente vulnerables y a Su disposición. Es una relación volátil—todo o nada, ahora o nunca. Él nos llama a Él mismo pero no hace ninguna promesa que Él seguirá llamando si endurecemos nuestros corazones. El escritor de Hebreos dice. "Si oyereis hoy su voz, No endurezcáis vuestros corazones."

Y Pablo, en 2 Corintios 11:2-3, dice, "Porque os celo con celo de Dios; pues os he desposado con un solo esposo, para presentaros como una virgen pura a Cristo. Pero temo que como la serpiente con su astucia engañó a Eva, vuestros sentidos sean de alguna manera extraviados de la sincera fidelidad a Cristo."

Él tenía temor de que la iglesia en Corinto iba a ir a tener una aventura amorosa con el mundo o con otras religiones que estaban compitiendo por su afección. Él había oficiado su casamiento con Cristo, pero ahora estaban coqueteando y entreteniendo ideas de otros. Estaban siendo engañados por las palabras tentadoras que les estaba prometiendo el mundo. Tales personas estaban profesando ser "ministros de justicia" pero en realidad eran ministros de Satanás.

Muchas cosas coquetean por nuestra atención en la iglesia de hoy en día también. A la derecha están las ideas y filosóficas que aparentan ser sanas y seguras pero en realidad solo nos llevan a confiar en seguridades falsas como una ramera que promete amor, pero ya que recibe su dinero, es todo lo que en verdad quería. A la izquierda están las seducciones vanas de las cosas sensuales que solo satisfacen la carne y el ego y son tan transitorios como la otra.

¡Pero Dios nos quiere, puros y sencillos! Todos nosotros. Para bien. Él quiere un matrimonio, no el amorío de algo de menos valor. ¡Él es nuestro Novio de bodas! Y Su celo es por nuestro bien, para Su gloria. Seámosle fieles hasta la muerte cuando podremos caer en sus brazos amorosos para siempre.

Reflejos en el Matrimonio

4. El Factor de Amor/Respeto (La Esposa)

LA SUSTANCIA ORIGINAL:

La iglesia verdadera siempre honra a Cristo, su Esposo.

"Así que, como la iglesia está sujeta a Cristo …" (Ef. 5:24a).

EL REFLEJO:

Las esposas siempre deben tratar con respeto a sus esposos.

"…y la mujer respete [trate con reverencia] a su marido." (Ef. 5:33).

En la misma forma en que la iglesia siempre honra a Cristo, así también las esposas deben respetar a sus maridos.

"Así que, cómo la iglesia está sujeta a Cristo, así también las casadas lo estén a sus maridos en todo" (Ef. 5:24).

En realidad el respeto es una condición mutua, y un esposo amoroso ciertamente ofrece libertad de expresión, pero entonces llega a ser la responsabilidad de ella para apoyarlo y honrarlo por lo que Dios lo ha llamado a ser y hacer. Esto no sugiere inigualdad. Cristo estuvo sumiso, también, pero aun así es igual que el Padre.

"Yo y el Padre uno somos" (Jn. 10:30).

"...El que me ha visto a mí, ha visto al Padre" (Jn. 14:9b).

Hay gran propósito en la sumisión. No hay razón de que las esposas se irriten al someterse, porque están tipificando una sustancia eterna según el orden divino.

Aplicaciones para Parejas

Ella Me Honro por Mi Autoridad

Consideren como la "A" significaba "Autoridad" en la forma el que Raquel me honraba.

R =__Relaciones__: Cara a cara en el matrimonio; hombro a hombro con mis amigos.

A =__Autoridad___: El deseo de servir y de guiar es la esencia de autoridad y hombría.

Q =_____: Dios puso dentro de cada portador de Su imagen varón este cromosoma.

U =_____: Algo dentro de la genética del hombre anhela proveer y proteger por los que están bajo su cuidado.

E =_____: Muchas mujeres se relacionan con los hombres en menosprecio, pero esto es lo opuesto del menosprecio.

L =_____: Esto es poderoso para un hombre. Una mujer que honra, cree más en su marido de lo que él cree en él mismo.

Recuerda: Para las mujeres, sugiero que todo se trata de FELICIDAD—un contentamiento que nace de sentirse completamente apreciada por ser el tesoro único como Dios las creo. Pero por los hombres, se trata de HONOR—esa sensación de propósito que proviene de sentirse acreditado por el valor distintivo que Dios ha puesto en ellos. Y repito, no es algo académico. Mas bien, es instintivo. Se basa en el corazón de ambos para el hombre y la mujer. Para que yo pudiera conectarme con el corazón de Raquel, yo tuve que ponerle importancia a su felicidad; para que ella pudiera conectarse con el mío, ella le ponía importancia a mi honor. Siento lastima por las esposas de los hombres que no lo entienden y no les importa la felicidad de sus esposas. Mi corazón también se extiende a los hombres que están casados con mujeres que son iguales de ignorantes acerca del honor, descartando sin mas consideración los corazones de sus esposos como ególatras.

Siete secretos revelaban las llaves de la felicidad de Raquel, ocho contando el elemento de misterio. Estas llaves abrían directamente su corazón. Al mismo tiempo, había seis cosas en particular que eran atadas directamente a mi corazón y revelaban como ella me honraba como su esposo.

Raquel honraba mi deseo de servir y de dar dirección, que es la esencia verdadera de la autoridad. Si en algo estaba mal, en veces me parecía que ella me veía como la autoridad en todas las áreas. En veces tuve que convencerla de que no sentía la autoridad competente en esto o aquello. Y por lo común, ella estaba asombrada e incrédula que no lo fuera. ¡Pero te pudieras imaginar qué tan honrado esto me hacía sentir por lo regular como su marido!

Ella deseaba un líder. Ella quería alguien que fuera delante de ella, alguien dispuesto a tomar responsabilidad, no solo por él mismo, sino para ella también. Ella deseaba una cabeza. Ella se sentía protegida en esto. Ella se sentía amada.

Ya verás, la autoridad no se trata de ser el jefe, y ciertamente no se trata de ser mejor o más importante. Es algo de la creación. Adan fue creado primero, y luego Eva. Dios creo a Adan en el tiempo correcto y de tal manera para planear y preparar y alistar las cosas para otros que le seguirían. Dios le dio responsabilidades a Adan que no le dio a Eva. A ella le dio otras responsabilidades. No es un asunto de igualdad. A pesar de lo que dijo el presidente Abraham Lincoln, ni aun dos hombres son creados igual ni lo son dos mujeres. Ambos son únicos. Pero es un asunto de roles y responsabilidades individuales.

Por causa de mi "estado caído," habiendo muerto en Adan, no siempre he funcionado en mi máximo potencial. Esto le frustraba a Raquel, pero aun así, ella escogió honrarme. Y porque Eva fue engañada, también aveces lo fue Raquel, que la llevaba a preocuparse, ocasionalmente para fastidiar, y aun aveces para tomar el control. Pero ambos conocíamos el diseño de Dios para el matrimonio y tanto disfrutábamos la satisfacción que encontrábamos en seguir Sus caminos, que nunca podíamos apartarnos de Su diseño por mucho tiempo.

La autoridad es el poder de tomar la iniciativa, de pensar por adelantado, de soñar, de generar vida nueva. ¿Alguna vez te has preguntado porque solamente las mujeres pueden quedar embarazadas y solo los hombres pueden engendrar? Los hombres se acercan; las mujeres dan el apoyo necesario. Es la interacción complementaria entre la iniciación y la respuesta. En realidad solo funciona en relaciones amorosas, ¡pero cuándo funciona, es poderosa!

Ahora, Raquel no fue cómo algunas mujeres que TIENEN que tener el esposo más importante o más poderoso pare sentirse satisfechas. Ella lo encontraba ridículo para desperdiciar tiempo en tal competencia. En realidad no le importaba cómo era yo en relación a otros hombres. Lo que le importaba a ella fue NOSOTROS, y ella honro en lo absoluto mi rol como la figura de autoridad en su vida.

La Madre y Esposa

La Historia de Raquel

La primeriza de su familia, una matriarca de maestras, el don espiritual de discernimiento—nada pudo haber mejor cualificado a Raquel como madre. Hubo otros roles que rechazo y otras capacidades a los que no fue llamada, pero el ser madre fue su pasión. ¿Hubiera sido tan buena madre a los diecinueve o aun a los veintiún años? ¡Quién sabe! Pero lo dudo mucho. Sí, seguramente hubiera podido quedar igual de embarazada, posiblemente hubiera podido amamantar igual de bien, o aun mejor, cambiado igual los pañales, arrullado un bebé para hacerlo sonreír, y animado al niño en su desarrollo. Pero la mero disciplina de esperar para casarse, agrego años de servicio a otros; y el conocimiento general sobre la vida a travez de la experiencia la calificó de una forma que pocas otras cosas hubieran podido. Fue una esposa totalmente maravillosa, pero sí es posible, fue una madre aun mejor. Ella apreciaba a sus hijas y admiraba a sus hijos. Fue muchas cosas a muchas personas, pero esto fue lo que más atesoró: ser MADRE para sus hijos. ¡Y sus hijos, habiendo crecido en crianza, la llaman bienaventurada! (Prov. 31:28).

Raquel con sus dos hijas Kristi y Carita.

¡Feliz Día de las Madres, Mamá!

Publicado en Facebook, 12 de Mayo del 2012, por Carita

Querida Mamá,

Creo que aun lo encuentro difícil comprender el hecho de que no estes aquí y no vas a regresar. Pero ya han pasado seis meses. En algunas formas, es difícil creer que hemos sobrevivido sin ti ya tanto tiempo; y en algunas formas, se siente que esta mal que lo hayamos hecho. Hay muchas personas orando por nosotros, y Dios esta con nosotros.

Al acercarse el Día de las Madres, empiezo a sentir más emociones otra vez. Es probable que vaya a apreciar el día más de lo que jamas lo haya hecho antes, y esto me entristece. Lo siento, Mamá, por no apreciarte como debí de haberlo hecho cuando estabas aquí. Lo siento, por aveces, menospreciar tus ideas y sueños. Gracias por nunca menospreciar los míos. Gracias por ser una buena Madre para mí y por amarme, aunque no siempre fui la hija respetuosa que debí de ser.

Te extraño, Mamá. Extraño la estabilidad que tu presencia fue para nuestra familia. Algo que no nos pudimos dar cuenta hasta que te habías ido—quitado de nosotros en menos de una hora, golpeada de tal forma que no hubieras podido sobrevivir sin un milagro. Extraño tu amistad conmigo, y con el resto de la familia (y con otros más allá de nuestra familia). Extraño poder hablar contigo de la vida y sus dilemas. Extraño la perspectiva que contribuiste a nuestra familia.

Gracias, Mamá, por ayudar a inculcar en mi corazón las verdades de que la oración sí funciona y de que Dios es bueno en cualquier situación. Gracias por ayudar a proveerme con las habilidades que necesito para sobrevivir sin ti. Gracias más que nada por, juntamente con Papa, enseñarme de Dios.

El dolor que tu ausencia trae es abrumador a veces. Y en verdad no me gusta; no me gusta sentir dolor. Pero es un recordatorio de que te amaba—¡y de que aun te amo! Aun no entiendo porque tuviste que irte ahora, y necesito decidir para confiar que, en medio de todo, Dios tiene un plan bueno—aunque no se siente muy bueno.

Es probable que valoraré más el Día de las Madres ahora porque ya no estoy tomando por sentado el hecho de que ya no estes con nosotros. Quisiera tener una Madre a quien llamar, por quién comprar un regalo/carta, para celebrar. Y no a cualquier Madre. Quisiera tener a *mi* Mamá.

Las lagrimas han estado conmigo esta semana. No han sido los sollozos profundos de otras veces. Solo lagrimas gentiles, pero llenos de dolor por lo que he perdido. Es probable que aveces te preguntabas si en verdad te valorábamos—pero, ¡ay Mamá! Te necesitamos. Te extrañamos. Te amamos. Te necesito. Te extraño. *¡Te amo!*

En verdad fuiste la mejor madre que un niño pudo haber tenido. Tú amaste. Tú disciplinaste. Te esforzaste. Tú oraste. Tú enseñaste. Tú escuchaste. Nos querías y querías que estuviéramos contigo.

No sé si he llegado a aceptar tu muerte o no. Pero sí se que Dios esta conmigo, y Él esta obrando en mi—en nosotros … aunque es doloroso.

Frecuentemente cantamos "We Place You on the Highest Place" [Te Ponemos en el Lugar Más Alto]. En veces cuando llegamos a la primera linea—"Y llegamos a Ti y adoramos a Tus pies"—te imagino adorando a los pies de Jesus. Esto es lo que estamos haciendo, también, pero tú estas un poco más cercas de Èl. Adoramos juntos a los pies de Jesús.

Esta noche, mientras que cantamos con amigos, pensé en ti y en tu canción favorita (o uno de ellos): "There is a Redeemer" [Hay un Redentor] Cantamos el canto, "What a Friend We Have in Jesus," [O, Qué Amigo Nos Es Cristo]. Y recordé que cuando era una niña, esta fue tu canción favorita. Después, de camino a casa, estaban hablando acerca del restaurante, Panda Express, y recordé que te gustaba mucho ese restaurante.

Este año para el Día de las Madres, llevaré flores a una tumba. Llegan lagrimas a mis ojos con el solo pensarlo ahora. Te honraré usando el color lavanda. Tal vez cantemos tus canciones favoritas. Papá y yo visitaremos el Forest Lawn Mural [El Mural del Pasto del Bosque] y terminaremos en lagrimas cuando la escena de la "Resurrección" es mostrada y la "Hallelujah Chorus" [El Coro Aleluya] sea tocada.

Hay tantos pensamientos en mi corazón. Quisiera que estuvieras aquí para que pudiera darte un abrazo y decirte "lo siento" por no respetarte más—esa disculpa de la que pensé, pero nunca llegue a dar, y luego ya no estabas. Y quisiera que estuvieras aquí por tantas razones más. Aun así, se que tú eres la que esta en un mejor lugar—quisiera que esto se sintiera más real para mí.

Mientras tanto, me aferro a Dios… aprendiendo a ir a Él con mis cargas y confiar en Él. He heredado tus preocupaciones. Pero también tengo tu Dios en quien estabas aprendiendo a entregar tus temores. Él es mi Dios, también, y continúo para descansar en Él también.

Te amo, Mamá. ¡Gracias por ser mi Mamá!

Querido Jesus,

Gracias por darme una Madre tan hermosa. Gracias por todo lo que me enseño y me transmitió. Gracias que Tú estas conmigo, aunque ella ya no puede estar. Gracias que Tú me amas y cuidas de mí aun más de lo que ella lo hacía—que fue mucho. Gracias que nos ves y nos llevas en los brazos a travez de este camino difícil. Te amo.

Carita con su madre el día de su graduación de preparatoria.

Por Kristi Witmer, 22 de Diciembre del 2014 a las 8:18pm.
(El cumpleaños de Raquel fue el 23 de Diciembre.)

Mamá: Pocas mujeres han influenciado y afectado mi vida como ella lo ha hecho. La persona quien soy ahora, la forma en que pienso, la forma en que proceso y "hago" la vida—son en gran manera, el resultado del cuidado materno intencional de ella.

¿Y todas esas conversaciones con ella? Invaluables—es asombroso lo que puede recordar una mente, aun a nivel subconsciente, de los días que han pasado. Toda esa inversión, todos los tiempos de oración juntos y simplemente pasando tiempo juntos, solo siendo quienes éramos. Nunca cambiaria estas mañanas "desperdiciadas" sentadas solo hablando y haciendo nada, o las noches avanzadas en horas cuando nos preguntábamos porque no solo nos íbamos a dormir de una vez.

Ella me mostró lo que era estar cómoda en tu propia piel—reconociendo y estando bien con ser humano e imperfecto—y a la vez siempre procurando ser más como Jesus, para ser la mejor esposa, madre, y amiga que pudiera ser.

Difícilmente pasa un día en que no pienso en ella, pero especialmente en esta noche, mientras anticipo su cumpleaños mañana y me pregunto qué haríamos para celebrar si estuviera aquí.

ESTA NOCHE :

-Celebro el hecho de que Dios trajo a Raquel Esperanza a este mundo

-Celebro tener el privilegio de ser su hija

-Celebro los recuerdos

-Celebro la esperanza de un día estar unidas otros vez, en la presencia de Jesus.

Kristi con su madre en la toma de fotos de su ultimo año de preparatoria en los Jardines de Huntington.

Momentos Finales, Memorias y Reflexiones

26 de Noviembre del 2012, por aguyonajouney [un hombre en un peregrinaje], el blog de Marcel

Escribo, no porque siento que tenga algo de gran importancia que decir, sino porque quiero recordar a una mujer de gran importancia. Escribo para saciar mi sed de recibir sanación. Procuro formar palabras – en los archivos de registros humanos – mis recuerdos y pensamientos de la mujer que me trajo al mundo y me preparo para una vida sin ella.

Recuerdo cuando me estaba alistando para salir ese verano y estaba casi todo empacado y listo para salir con mis amigos Mike y Benji para cruzar el país para una vida nueva y mi nuevo Amor, Mamá entro al cuarto casi vacío. Me vio con una mirada nostálgica y me dio un abrazo. Luego se soltó en un llanto suave pero intenso. La abracé fuertemente. Ella se disculpó. Recuerdo decir, "Esta bien llorar, Mamá." Yo fui el primero para salir de casa sin planes de regresar. Yo asumí que estaba llena de nostalgia. Y yo creo que ella probablemente asumió lo mismo. Ahora, al ver cómo sucedieron las cosas, me pregunto si mamá lloraba por razones que ni aun ella sabía: aunque no lo sabía, nuestro tiempo juntos en la tierra se aproximaba a los días finales. Después de esa despedida, pase solamente ocho días más en su presencia (los ocho días en que ella y los demás de la familia estaban en Lancaster antes de mi boda con Krista).

El ultimo día que vi a mi Mamá fue el día en que Krista y yo nos casamos. Apenas la recuerdo de ese día. Quisiera poder recordar más de ella de ese día, como nunca la vi en vida después de esto. Ni aun recuerdo despidiéndome de ella específicamente ese día. Sé que lo hice, porque recuerdo un tanto el contexto. Krista y yo acabábamos de haber regresado a la iglesia de una toma de fotos después de la recepción para despedirnos de las familias. Encontramos a Papá y Mamá, Tia Miriam, Tío Lester, y mi Prima Hannah en el estacionamiento de la iglesia. Nos despedimos apresuradamente de ellos; probablemente los abrazamos también. Pero no recuerdo ese ultimo abrazo que le di a Mamá. Por más que lo intento, no lo puedo recordar. Uno nunca reconoce los momentos significativos hasta que han pasado.

Marcel con su madre en su boda.

Aunque no puedo recordar ese abrazo, si tengo un par de recuerdos especiales de mi Mamá de ese día. Recuerdo estar de pie en la parte trasera de la iglesia esperando para que empezara la canción que me daría la señal de acompañarla a su asiento al frente de la iglesia. Recuerdo estar allí de pie y juntos mirando sobre el grupo de personas, hablando en voz baja acerca de diferentes personas que estaban allí. Pregunte si mi Tío Timoteo y Tia Lynette habían llegado. Ella dijo, "Si, ¿no los has visto?" Y apunto con su mirada a donde estaban sentados. Miramos detenidamente sobre el grupo de personas un poco más, y luego ambos nos paramos allí, quietamente, asfixiado por la emoción del momento. Recuerdo mirarla y ver lagrimas en sus ojos. El canto empezó, y la acompañe a su asiento. El otro recuerdo que tengo de mi Mamá de este día es su mano en mi hombro cuando nuestros padres oraban su "oración de bendición."

En el mes entre nuestra luna de miel y cuando debimos salir hacia Colorado para la boda de Asher, creo que le hable a Mamá por teléfono una vez. Lamento eso. Quisiera haberla llamado por lo menos una vez más. Recuerdo haber pensado que debería llamarle, había hablado con Papá un par de veces, pero ya fue tiempo que hablara con Mamá otra vez. Pero estaba ocupado, y seguí dejándolo para después.

La conversación que sí tuve en ese mes fue una conversación agradable y sin apuro: divagaba de una tema a otro sin nada en particular del que tuviéramos que conversar. Terminamos esta llamada con un "buenas noches" casual – el ultimo "buenas noches" que jamas le dije a mi Mamá. Ella colgó y se fue en dirección a su cama, en dirección a Colorado, en dirección al viaje a Walmart, en dirección a la intersección de Colorado 67 y la Calle 123 del Condado de Freemont, en dirección al camino de una camioneta Dodge Ram ...

*****

Creo que uno de las cosas más difíciles acerca de la muerte de Mamá es que no estaba allí para decir adios por ultima vez. No estaba allí para pasar un rato más con ella. No estaba allí para llegar a la escena del accidente. No estaba allí para ver su cuerpo herido con mis propios ojos. No estaba allí para verla ser llevada a prisa por el helicóptero hacia el Hospital de Penrose-San Francisco. No estaba allí cuando los doctores le dijeron a mi familia que no había sobrevivido. Todo se siente tan distante a veces, tan difícil de creer. Y ya hace casi tres semanas que todo esto paso.

Primero me enteré de ello de mi hermana Kristi, quien mando un corto mensaje de texto mientras estaba trabajando en mi escritorio en Pensilvania. Todo lo que decía era "Ora por nosotros. Acabamos de ser impactadas por un carro." Este mensaje de texto me dio algunas pistas sobre los eventos que me partieron el corazón y han cambiado mi vida.

La imagen de la fuerza aplastante increíble de una camioneta 4X4 yendo cercas de 60 millas por hora [100 km/h] golpeando el metal frio contra mi preciosa Mamá y su cuerpo completamente femenino y gentil sencillamente me deja abrumado. Cuando vi la mini-van y observe como el lado del chofer estaba arrugado como una lata de de refresco se arruga cuando lo aplastas con tu pie, sentí ganas de vomitar.

¿Mamá? ¿Muerta? ¿Qué significa esto? Es difícil envolver mi mente alrededor de la finalidad de todo ello.

¿Qué de mi esposa? Ella debía de llegar a conocer a Mamá como su suegra. Y mis hijos debían de llegar a conocerla como su gentil y sabia abuela. Nada traía más gozo a Mamá que su familia. Ella amaba a la familia como ninguna otra persona que conozco. Ella amaba a su esposo, a sus hijos, a las esposas de sus hijos, a sus padres, a sus hermanos, a los esposas de sus hermanos, a sus sobrinas y sobrinos. Su corazón tenía una capacidad asombrosa para amar aún cuando fuera rechazada, para proseguir aún cuando se le dijera qué se rindiera, para animar aún cuando los que ella amaba eran incorregibles. Ella estaba constantemente creyendo y esperando en ellos y en su Dios.

Ella enseñaba la Verdad. Ella constantemente recordaba a las personas por conocer quienes eran en Cristo, para no creer mentiras, sino para creer la verdad de Dios. Ella nos enseño esto, no como una que tenia victoria constante en estas áreas, sino como una que luchaba a diario para hacer lo mismo.

El duelo. ¿Cómo se ve esto? Me doy cuenta que aún en medio del duelo tengo expectativas. Y alabanza, ¿cómo se ve esto?

Una porción de mi diario dice esto: *El dolor insoportable. Y somos mandados a alabar. Para alabar a nuestro Buen Dios. Yo batallo con esto. Tengo que ser honesto, batallo con esto. Porque no siento ganas de alabar. No siento ganas de admitir que esto proviene de un Dios Bueno. Quiero señalar a esto ante Dios y decir que fue un accidente increíble en su plan para la Creación. ¡Porque esto no debió de haber pasado! 'Mira, ¿ves a todos estas mujeres mayores? Ella debió de haber vivido mucho tiempo cómo ellas y llegar a ser vieja y senil para que pudiéramos cuidar de ella y suplir sus necesidades. Y mientras que estuviera en proceso de envejecer, ella debía ser una mentora y amar a mi esposa e invertir y cuidar a mis hijos como una Abuela amorosa.'*

Estos son mis sentimientos. Pero... pero... mi tierna y dulce madre siempre nos diría, "No vivas la vida basados en tus sentimientos ... No andes según tus sentimientos... Cree en la Verdad.

Decido hoy declarar que Dios es Bueno. Me aferro a Dios no pudiendo ver cualquier otra cosa. Me aferro a Él aunque la niebla es pesada. Me aferro a Él, aunque hace frio y mis manos están entumecidos y ni aún puedo sentir mis manos contra los suyos. Pero sé que Él esta allí. Le he alabado y me he aferrado a Él en todos los momentos buenos de la vida, entonces no me rendiré cuando existen tiempos malos.

El día después del servicio conmemorativa en Los Angeles, mi Abuelo leyó este versículo en el desayuno: Salmo 95:6-7, "Venid, adoremos y postrémonos; Arrodillémonos delante de Jehová nuestro Hacedor. Porque él es nuestro Dios; Nosotros el pueblo de su prado, y ovejas de su mano."

El arrodillarme y postrarme ante el Señor, nuestro hacedor – porque Él es un "Dios asombroso, bueno, y maravilloso" esta es lo que decido hacer.

QUE SE DIGA DE NOSOTROS

Por Steve Fry

"Que se diga de nosotros que el Señor fue nuestra pasión,

Que con alegría llevamos cada cruz que nos fue dada;

Que peleamos la buena batalla, y terminamos el curso;

Conociendo dentro de nosotros el poder del Señor resucitado.

"¡Qué la cruz sea nuestra gloria y el Señor nuestra canción!

Por la misericordia hechos santos, por el Espíritu hechos fuertes.

¡Qué la cruz sea nuestra gloria y el Señor nuestra canción!

Hasta que la semejanza de Jesús por nosotros sea conocida.

Que la cruz sea nuestra gloria y el Señor nuestra canción.

Que se diga de nosotros, que somos marcados por el perdón;

Que fuimos conocidos por nuestro amor y nos deleitamos en la misericordia;

Que fuimos gobernados por Su paz, que escuchamos el llamado a la unidad,

Unidos en un solo cuerpo que Cristo sea visto por todos."

(Canto cantado en la boda de Krista & mía – 57 días antes del accidente)

Y en las palabras del poeta del siglo XIX Rilke:

Pero porque estando aquí es mucho y por causa de

Todo esto

Que aquí, tan fugaces, parece requerir de nosotros

Y de forma extraña

Nos preocupa. Nosotros los más transitorios que todos.

Una sola vez.

Todo, una sola vez. Una sola vez y ya no más.

Y nosotros, también,

Una sola vez. Y nunca jamas. Pero esto

Habiendo habido una vez, aunque solo una vez,

Habiendo estado una vez en la Tierra – ¿Se puede jamas cancelar?

Mamá, aunque tu cuerpo fue enterrado y tragado por la tierra — Yo no puedo y estoy decidido a no decir adios. Porque tú estarás para siempre estampada en mí "una sola vez."

…No, nunca puede ser cancelada.

¡Te amo, Mamá! ¡Feliz Día de las Madres!

-Marcel

Una Cosa que Mamá Hizo Bien Y Que Todos Debiéramos Aprender

9 de Mayo del 2014/Entrada en el Blog de Asher

Las Madres son personas asombrosas. ¡No se les da ni cercas del crédito que se merecen! Trabajan tan duro y hacen tanto y muy apenas reciben un "Gracias por la comida" al fin del día. Me bendice ver a tantas Mamás que sirven fielmente a sus familias con alegría, a pesar de la falta de reconocimiento que reciben a veces.

Pero me deja boquiabierto conocer a una Madre que va más allá del trabajo duro y cuidado necesario e invierte algo aún más extenuante en sus familias. Estas mujeres no son solamente *buenas* Madres, ellas son las *santas* de todas las Madres. Y ellas tienen algo que cada uno de nosotros deberíamos desarrollar.

Mi Mamá fue una de estas madres. Si no te molesta, voy a jactarme un poco de ella, hoy. Mira, este es el segundo Día de las Madres que no la he tenido en vida para celebrar. Mi Mamá no fue perfecta. En veces yo sentía que era metiche. Otras veces, me frustraba con ella porque no parecía que le importara. Posiblemente estaba siendo inmaduro, pero hay que ser realista: ninguna Mamá es perfecta. Es posible, que las que más intentan *ser* perfectas terminan por alejarse aún más de los corazones de sus hijos. Esa no fue mi Mamá. Ella reconocía que no era perfecta...

...pero esto no la impedía sobresalir como una madre.

Mamá hacia su mejor esfuerzo de ser ahorrativa. Ella mantenía un hogar limpio, y se esforzaba por asegurar que comiera saludable, aun con mis antojos por las cosas dulces. Pero esto no es lo que mas recuerdo de mi Mamá. Lo que se me quedo en mi mente de Mamá, es su valor por las *relaciones*. Ella ponía su relación con nosotros sus hijos lo más alto como si hubiera obtenido la mejor oferta, o si éramos o no la familia más delgada. Ella estaba bien si su vida no estaba del todo en orden ...

...con que tuviera una buena relación con sus hijos.

Las hijas lo necesitan para saber cómo invitar a otros a una relación. Hijos lo necesitan para empoderamiento mientras van en busca de relaciones. Mamá sobresalió como una Mamá porque valoraba las relaciones. Ella consideraba las *relaciones* como más importantes que una casa limpia, una dieta saludable, o ser ahorrativa en sus compras. Su vida aun sigue, hoy, por causa de las relaciones que ella cultivo.

Si cualquiera de nosotros vamos a tener verdadero éxito en la vida, aunque seamos hombres o mujeres, tenemos que valorar las relaciones por sobre todo de todo lo demás en esta vida porque este es el diseño de Dios para nosotros.

Asher con su madre.

Mamá

Una mamá es seguridad, amor y respaldo;
Ella sabe quién eres, por dentro y por fuera.
Le cuentas lo acontecido, lo bueno y lo malo,
Y con cariño ella escucha al corazón entristecido.

–

Desde la niñez hasta la adultez
Allí esta ella para ti.
Ella es todo lo que importa
Como una joya preciosa ella brilla y centella.

–

Pero no aprecias lo que ella hace.
Aun así su amor no es reducido,
Disminuido ni sesgado—
Esta en ella profundamente plantado.

—

Y luego,

—

Despiertas para darte cuenta,
Que la joya mencionada
Esta allí quebrantada;
Quejándose y gimiendo
Y se le acaba el tiempo.

—

O, lo que haría,
Mirando atras con pesar,
Para poder resoplar su voz vez tras vez.
Para poder cantarle dulces canciones.
O, como quisiera
Poder gritar con mi vida

—

¡TE AMO MAMÁ!

—

Derribaría el cielo
Para decir un ultimo adios.
Para abrazarla y besarla
Y dejar que me mirara llorar.

—

Las lagrimas corren tan fácilmente
Como nunca antes,
Ella nos amó tanto—
¿Porque no la amé más?

—

Pero ahora se ha ido,
Llevada al mas allá,
A una tierra sin sombras
A una tierra santa.

—

Ella ha viajado al Cielo
Ha sido llevada con Jesús
Y Jesús puede amarla
Porque es el verdadero Amante.

—

Y aunque no lo pueda ver,
Y apenas lo pueda creer:
Descanso en esa promesa
Porque sé que Él cumplirá.
C.D. (Cristopher Daniel)

Raquel con su hijo mas pequeño Cristopher en
su cumpleaños numero 4.

Esto los recibimos de nuestros queridos amigos de Minnesota, Pastor Jack y Anna Tillotson de la iglesia Mennonita de Cloverdale:

Aun permanecen en nuestras oraciones … Su esposa y madre, Raquel, fue sin duda una sierva cortés y gozosa que conectaba en formas profundas con el corazón de muchos. Ella vivió su vida en "temor y temblor" – con reverencia profunda y asombro hacia Dios – señalándole a los demás hacia Jesús. El Día de las Madres será tan diferente para todos ustedes. Estamos pidiendo y confiando en nuestro Padre celestial y Su ternura y amor para cargarlos y bendecirlos de maneras especiales al recordar y celebrar a su madre y esposa por la mujer maravillosa que fue.

Con amor, Jack y Anna Tillotson

Reflejos en el Matrimonio

5. La Relación Intima (El Esposo)

LA SUSTANCIA ORIGINAL:

Cristo esta en medio de la Iglesia. El tesAmonio de Cristo es:

"Anunciaré a mis hermanos tu nombre, En medio de la congregación te alabaré." (Heb. 2:12).

"y en medio de los siete candeleros, a uno semejante al Hijo del Hombre" (Apo. 1:13a).

EL REFLEJO:

El esposo esta emocionalmente conectado con su esposa (sin duda hay un elemento físico y sexual también, pero las esposas sienten esta conexión principalmente en formas emocionales, mentales, y espirituales).

"Así también los maridos deben amar a sus mujeres como a sus mismos cuerpos. El que ama a su mujer, a sí mismo se ama. Porque nadie aborreció jamás a su propia carne, sino que la sustenta y la cuida, como también Cristo a la iglesia" (Efe. 5: 28-29).

¡Una tipificación hermosa de Cristo en medio de la iglesia haciendo su Relación completa!

Aplicaciones Para Parejas

Ella Honro Mi Pasión por la CONQUISTA

Raquel vivía en una estado de contentamiento, pero estaba casada con un hombre al que le encantaba conquistar. Y aunque ella hubiese estado completamente feliz en un mundo mucho más pequeño, ella llego a apreciar mi visión de largo alcance y mi deseo instintivo para conquistar el siguiente horizonte.

R =__Relaciones__: Cara a cara en el matrimonio; hombro a hombro con mis amigos.

A =__Autoridad___: El deseo de servir y de guiar es la esencia de autoridad y hombría.

Q =__ConQuista___: Dios puso dentro de cada portador de Su imagen varón este cromosoma.

U =_____: Algo dentro de la genética del hombre anhela proveer y proteger por los que están bajo su cuidado.

E =_____: Muchas mujeres se relacionan con los hombres en menosprecio, pero eso es lo opuesto del menosprecio.

L =_____: Esto es poderoso para un hombre. Una mujer que honra cree más en su marido de lo que él cree en él mismo.

Ahora, no todo varón es exactamente como yo en este aspecto, pero aun así, Dios ha puesto dentro de cada portador de Su imagen el cromosoma de la conquista. Pero muchas mujeres le tienen miedo— ese temor por lo regular proviene del abandono o abuso por la figura del padre que conocieron en su vida temprana. Por supuesto, como hombres, tenemos que ser templados por nuestro Creador y afinados por nuestras contrapartes, ¡pero iremos a conquistar si se nos permite!

Yo creo que es aquí de donde entran en escenario las adicciones sexuales para los hombres. Cuando los hombres nos son horados por el tipo de ambición romántica y visionario como Caleb de la Biblia que dijo "deme esa montaña," se van marchitando hasta convertirse en imaginarios lujuriosos y pornográficos.

Raquel con sus hijos Marcel, Asher, y Cristopher.

Si los hombres verdaderos están seguros de recibir comprensión y ser honrados en su privacidad, esto los impactara profundamente. De hecho, yo acertaría que la mayoría de los hombres en este momento acaban de sentir que se humedecieron sus ojos un poco, porque ninguno de nosotros somos orgullosos de nuestras áreas de vulnerabilidad. ¡De echo, lo odiamos! ¡Pero tenemos que aceptarlo! Para lograr esta meta, es completamente indispensable que no solo se nos permita perseguir nuestras pasiones sino que se nos anime a hacerlo. Y estas pasiones serán honorables para los hombres que son horados por su pasión.

Mis hijos encontraron la pasión masculina ejemplificado en mí, pero una gran parte del empoderamiento para ello la recibí de su madre. Y aunque fuera atemorizante "cortar los hilos del delantal" y permitir que sus hijos se fueran, ella creía en los destinos de sus hijos más que en sus propios diseños para ellos y lo hubiera encontrado más insoportable intentar de mantenerlos acorralados. Es por esto que permitió que Asher como un muchacho de dieciséis años se subiera a un avión con uno de sus amigos y volara al otro lado del mundo (al lugar donde él y su esposa y dos hijos pequeños ahora viven y donde esta enseñado en una escuela misionera en Tailandia). Es por esto también que se paro en la recamara de Marcel llorando mientras lo observaba empacar sus cosas para mudarse de la casa hacia el condado de Lancaster, en Pensilvania, para casarse con su novia y perseguir su carrera en medicina. Y otra vez, es por esto, que desde que falleció su mamá, Cristopher ha luchado como un soldado herido para creer en el mismo y para abrirse camino hacia Dios, vez tras vez tras vez, y al mismo tiempo tomando pasos hacia la madurez mucho más allá de lo esperado por su edad y haciendo conexiones en el ministerio inimaginables para otros.

Y esto también es porque he rengueado por la vida como a través de una neblina desconocida, apenas pudiendo descifrar lo que es verdadero y lo que es real de las sombras demoniacas que parecen estar alrededor de cada esquina que paso. El poder de la pasión ardiendo por dentro pero sin un amante apasionado para atraerlo. Ayuno y hago senderismo y en veces camino muy rápido … y es bueno que lo haga, porque si no lo hiciera, es probable que pronto me convirtiera en algo en medio de un tele-adicto y un huevo frito. Dios lo dijo mejor: "No es bueno que el hombre este solo."

Pero cada ruta escénica es un camino de dos sentidos, no un autopista. Entonces mí supervivencia es una combinación de la buena gracia de Dios, Sus buenas personas, y mi buen sentido. Raquel honró mi pasión por la conquista, porque conocía mi pasión por ella. De la misma forma, el Señor me honra a mí así como yo le honro a Él. Permítanme repetirlo para todos nosotros como hombres: ¡Busquemos a Dios como si nuestras vidas dependieran de ello (porque es cierto), y persigamos los corazones de nuestras esposas para que ellas vengan tras nosotros … Y nuestras conquistas (porque ellas lo harán)!

Si Pudiera Mandar una Carta al Cielo

Publicado en Facebook, 12 de Mayo del 2013, por Kristi

Mamá,

Es difícil para mí creer que ya has estado en el Cielo por seis meses. Mi mente de seguido se divaga a donde tú estas y de seguido quisiera poder estar contigo allí. Extraño tenerte aquí—tu sonrisa y tu risa; tu perspicacia, tu amor por las personas, especialmente tu familia. Extraño la forma en que vivías la vida plenamente—tu escudriñabas el corazón de Dios por las respuestas a tus preguntas sobre la vida. Estabas siempre aprendiendo y creciendo. Extraño pasar tiempo contigo—sentándonos en tu cuarto preguntándote preguntas y hablando de cualquier cosa que llegara a nuestras mentes. Extraño tu inversión en mi vida. Extraño hablando contigo por teléfono cuando estábamos separadas. ¿En verdad hemos estado separadas por seis meses y no hemos hablado por teléfono ni una sola vez? Y aun así me encuentro guardando cosas en mi memoria para decirte la siguiente vez que tenga oportunidad de hablarte o mandarte un correo electrónico.

Es Día de las Madres. Tu día. El día que designamos para celebrarte porque eres mi Mamá. Pero, este año, la celebración es afectada con dolor porque no estas aquí con nosotros para la celebración. Solo puedo imaginar el gozo y el asombro que debes estar experimentando—en realidad es el mejor regalo que pudieras tener el Día de las Madres. Pero, para nosotros que nos quedamos, este día nos sirve como recordatorio de tu ausencia y de lo tanto que te extraño.

Mi corazón gime por otra oportunidad para estar contigo—para celebrar contigo—y para agradecerte por todo lo que fuiste para mí y me enseñaste en los años que si tuvimos juntos. Pero aunque mi corazón gime en deseo de tu presencia, no puedo resistir de seguir celebrando quien fuiste, la relación que tuvimos juntas, y todo lo que experimentamos juntas. Puedo celebrar la vida que tú me has dado y has vivido antes de mí.

Gracias, Mamá, por vivir estos 19 años tan fielmente conmigo. Por hacer las decisiones correctas, por poner un ejemplo de dejar un legado de seguir a Dios para que yo ahora pueda ver atrás y continuar aprendiendo de ellos aunque ya no estes conmigo. Yo pienso en mi relación con Dios y que tanto la has afectado y vertido en ella, mostrándome el camino hacia El vez tras vez mientras crecí y enfrenté nuevas etapas en la vida. Gracias por animarme a buscar a Cristo con todo mi corazón y para seguirlo dondequiera que Él me guiara, aún cuando fuera difícil y temible. Gracias por enseñarme al vivirlo tú misma.

Tu oraste, Mamá. Recuerdo varias ocaciones cuando me recordaste para hablar con Jesus acerca de la vida y sobre las cosas que estaban en mi corazón—aunque fueran sueños y aspiraciones o temores y luchas—porque Él es la mejor persona con quien hablar de estas cosas. Y tú ejemplificaste una vida de oración, orando por nosotros tus hijos mientras crecíamos y salíamos para seguir con la vida, orando por Papá mientras guiaba a la familia a partes desconocidas, orando por otros amigos y personas queridas. Recuerdo no hace mucho tiempo, que cuando leíste el versículo en Apocalipsis que habla de las oraciones de los santos mezclándose con el incienso y ascendiendo a Dios y que tanto significaba para ti en relación a tus amigos que tanto amabas que ya no tenían as sus mamás aquí en la tierra. Significaba tanto para ti, porque te daba una imagen de palabras como Dios sigue recibiendo y escuchando las oraciones de los padres que ya han pasado de esta vida. Sin saber qué tanto tus propios hijos necesitarían escuchar esto. Me he aferrado tanto a este versículo desde entonces.

Tú te involucrase en las vidas de otros y te preocupabas mucho por lo que ellos estaban enfrentado. Tú te preocupabas por que querías ver que ellos experimentaran a Dios y conocieran Su amor. Estabas siempre interesada en las vidas de los demás—haciendo preguntas, escuchando, mostrando valor a las personas que cruzaban tu camino.

Gracias por compartir tu peregrinaje conmigo—por no solo permitirme escuchar de tus victorias y fortalezas sino también de tus luchas y debilidades. Yo pienso en tu transparencia al tratar con el temor y tu disposición de combatir el temor con la fe en Dios. En lugar de vivir la vida en las sombras de lo que pudiera pasar, tú diste el paso para adelantarte a la luz de la verdad de Dios y estuviste firme en Sus promesas aun cuando fuera difícil. Y estabas siempre lista para aprender y contar acerca de lo que habías aprendido en tu peregrinaje, dando la gloria a Dios por Su trabajo en tu vida. Gracias por enseñarme lo que significa ser un aprendiz en la vida, para estar continuamente escudriñando el corazón de Dios y aprendiendo más y más acerca de lo que significa seguir e imitarlo a Él.

Pudiera seguir por mucho más tiempo acerca de lo que me has dado en los 19 años de nuestras vidas juntos, pero este año la cosa que estoy descubriendo más que nunca es lo mucho que invertiste en mi vida y me preparaste para esta etapa de mi vida—Las palabras de vida y verdad que tu hablaste a mi vida que yo ahora puedo ver en retrospección y recordar y aferrarme a ellos mientras que continúo creciendo y enfrentando esta vida en la tierra. La relación con Jesús que tú ejemplificaste y me animaste para vivir. Jesús—la única fortaleza sobre la cual sostenernos y constantemente depender de él cuando todo lo demás se esta haciendo pedazos. Gracias Mamá por buscar Su corazón apasionadamente y por mostrar el camino y poner un ejemplo que yo puedo continuar siguiendo aunque ya no pueda estar contigo.

Te amo tanto Mamá, y te extraño demasiado. Quisiera que pudiéramos estar juntas hoy, pero estoy tan agradecida por los años de vida que tuvimos juntos y por todo lo que puedo llevar conmigo de aquí como resultado de tu influencia en mi vida.

Todos los hijos alrededor de la tumba de su mamá.

Una actualización del estado de mi Mamá el 14 de Octubre del 2012, menos de un mes antes de su muerte.

Raquel Witmer

"Nunca tenemos que estar sin esperanza. Porque al mirar al futuro con ojos de fe, Vemos que Dios ya está allí." –Roy Lesión

Capítulo 13

Su Labor de Amor

La Historia de Raquel

"Que tenga testimonio de buenas obras; si ha criado hijos; si ha practicado la hospitalidad; si ha lavado los pies de los santos; si ha socorrido a los afligidos; si ha practicado toda buena obra." (1 Tim. 5:10).

Los diccionarios definen la "labor de amor" como un trabajo que se lleva a cabo por interés en el trabajo en sí o por el beneficio de otros, en lugar de hacerlo para recibir un pago. El enfoque está en otros y en el trabajo que se lleva a cabo por otros. Es lo opuesto de poner el enfoque en uno mismo. Aunque sea al criar a tus hijos, el alimentar a los vagabundos, o al pastorear a la iglesia, si hay aún un poquito de enfoque propio en ello, es dudoso que sea una labor de amor.

Podemos entender esto en términos de beneficio o recompensa monetaria, ¿pero qué tal de otros métodos de pago no tan obvios? ¿Qué de los elogios verbales o aun los cumplidos discretos de otros? ¿Qué de la imagen propia que cuidamos y protegemos tan sutilmente? Si hay algún beneficio para mí, difícilmente puede ser llamada una labor de amor, sino amor propio tal vez.

En contraste, la humildad no es necesariamente pensar menos de uno mismo, es simplemente no pensar en uno mismo. Pero para algunas personas, toda la vida se trata de ellos mismos. ¡Todo … siempre se trata de ellos! ¿Cómo deberían llamarse los cristianos que se comportan de esta manera? Aberraciones: el hecho de apartarse del curso correcto, normal, o usual; decayéndose de un estado mental estable (Dictionary. com). Judas, el siervo de Jesus, los llama "estrellas errantes" (Judas 13). Tienen su propio pequeño mundo y están justo en medio de el. Siempre tienen buenas relaciones con otros mientras esas relaciones sirvan a sus propios intereses o los hagan verse bien. Siempre están emocionados acerca del ministerio siempre y cuando les ponga un halo sobre su cabeza o de alguna forma mejore su currículum. Es lo opuesto de la humildad; es enfoque PROPIO. Ciertamente es laborioso, pero no es una labor de amor.

Raquel estaba auténticamente interesada en otros. Ella estaba obsesionada con sus hermanos Schrader. Ella los seguía aun cuando ellos no respondían de la misma forma. Y ella usaba cualquier medio que tuviera a la disposición para conectar con ellos. De seguido se quedaba despierta hasta tarde aquí en su hogar en California tecleando mensajes por cellular para ellos que estaban dos o tres horas de diferencia. Fue tan intencional con sus padres. Aveces hablaba de que deberían venirse a vivir con nosotros cuando envejecieran. Recientemente sus padres estaban diciendo que siempre habían pensado en ver si podían mudarse con ella y su familia cuando no pudieran cuidarse de ellos mismos, porque sencan que ella haría el mejor trabajo en cuidar de ellos. Me parte el corazón pensar en ello, porque sé que le hubiera encantado que lo hicieran. Cada vez más veo su muerte como un ataque directo de Satanás en tantas formas. ¡Pero Dios es más grande, y todos los que se alinean con Él ganarán!

Pero aún más de la atención que le prestaba a sus hermanos y padres, Raquel estabas atentamente enfocada en sus hijos. No había ninguna área en sus vidas a la que ella no estuviera remisa a interesarse en ellos. Los hilos del delantal eran difíciles de cortar para ella. Como una madre ejemplar, ninguna otra cosa hubiera podido mejor definir sus labores de amor.

Y como esposa de pastor, aunque había exigencias en este rol que eran emocionalmente extenuantes, ella buscaba conectarse infatigablemente con las mujeres en nuestros círculos de hermandad.

Ella no se consideraba una líder, ni fue naturalmente dispuesta hacia la organización, pero ella organizaba un evento si fuera necesario—aun dirigía si se le exigía, y ciertamente fue siempre lista para ser parte de un esfuerzo de un grupo para alcanzar a otros al servir, aconsejar, y consolar.

Los adolescentes, aunque incomodos en sus propios hogares, encontraban descanso en el ambiente que Raquel había creado. Mientras los involucraba en conversaciones que debían tener sus padres, ella tenia una forma considerada de siempre dirigir sus corazones hacia sus propios hogares. Ella también cuidaba de las personas mayores en formas que les daba dignidad otra vez a sus vidas, recibiéndolos en su hogar con suficiente amor para que alcanzara para todos.

Particularmente en los últimos años de su vida aquí en Los Angeles, ella aún encontró espacio por los que vivían en la calle—los que no tenían nada para ofrecer como recompensa, aparte de la gratitud. Y mientras que yo por lo regular era su primer punto de contacto, cuando ella fue quitada de repente de nosotros, ellos fueron completamente devastados y se sencan otra vez sin hogar, como si ella hubiera sido su ultima esperanza de supervivencia.

Estas fueron sus labores de amor. Esto fue cómo Raquel vivió la vida y le encantaba hacerlo. Hay un santuario sagrado en los corazones de todos aquellos cuales vidas ella tocó en alguna forma u otra en algún tiempo u otro. ¡Ella sabía que no se trataba de ella misma! Ella tenía un enfoque más allá de lo que la mayoría de las personas pueden ver. Y hoy ella tiene una vista y una perspectiva de las alturas del cielo que todos los que ella amó pueden sentir a pesar de su ausencia. Esto fue una gran parte de su legado—su labor de amor por tantas personas.

La Esposa de Cristo

¿Cómo fue que la vida de Raquel representara la Esposa de Cristo en esta área? La iglesia es una Esposa, un cuerpo, una familia, una arca de seguridad, y tantas cosas más. La iglesia esta comprometida con Él y ansiosamente espera la consumación final en Su regreso. Ella Le ama, no puede dejar de pensar en Él, y se aferra a cada palabra que ha dicho. Ella se compromete a Sus propósitos y hace que Su visión sea la de ella también. Ella sabe que al entregarse a Él, ella tiene todo lo de Él también.

Muchos de las labores de amor de Raquel fueron dilataciones de mis propias pasiones. Ella las tomaba, las hacia propias, añadía a ellas, y las llevaba a cabo en formas que yo nunca podría haber hecho. Y así la iglesia lleva los deseos del corazón de Cristo. Ella cumple Sus propósitos de una forma hermosa y comparte apasionadamente Su visión para el mundo. Ella es Su cuerpo: Él no tiene manos sino las de ella, no tiene pies sino las de ella, y pudiera agregar, no tiene corazón sino la de ella. El cuerpo de Cristo cumple Sus propósitos en el mundo.

Enseñando lecciones de la vida de Raquel en el Campamento Bíblico por la Tarde en 2013.

Y ella hace todo esto en el contexto de la familia. Ella es una comunidad. Y aunque hay una intimidad matrimonial con Cristo, también hay una asociación de comunidad de familia. Ella busca alcanzar a otros los envuelve en sus brazos en formas que nadie más puede sino la familia de Dios. Y no es *solamente* cariño y alegría, pero sí es cariño y alegría. No se trata *solamente* de la responsabilidad que viene con un apellido en común, pero *sí* se trata de la responsabilidad— de rendir cuentas al Nombre de Cristo. Somos Cristianos después de todo. ¡Cristo dice que somos Suyos! El dice, "MI iglesia," y también dice, "este es MI cuerpo... quebrantado por ustedes" (Mat. 16:18; Luc 22:19). La iglesia se trata de amor y compañerismo, pero también se trata de la identidad, el pertenecer, y el tener todas las cosas en común con los demás (Hechos 2:44).

La iglesia de Cristo—esposa, cuerpo, y familia—también es el arca de seguridad para todos los que están flotando de un lado a otro en el mar de la vida. Con todas las grandes olas y corrientes astrales, tiburones y rayas venenosas, lluvias intensas, y el sol abrasador—sí, todos nosotros necesitamos esa arca de seguridad en donde podamos estar protegidos de la tormenta y en donde recibamos dirección para poder navegar. Si esto es lo que estamos recibiendo, podemos estar seguros que es la iglesia verdadera. Pero si la turbulencia por dentro es igual a la turbulencia por fuera, entonces lo que tenemos no es la verdadera iglesia. No solo deberíamos *estar* seguros, también deberíamos *sentirnos* seguros. (Pero el simple hecho de no *sentirnos* seguros, no siempre significa que no *estemos* seguros; el no sentirse seguro puede ser un resultado de una problema del pasado sin resolverse.)

La verdadera seguridad proviene de Jesús y nuestra identidad con Él. ¡Esto es lo que hace que la iglesia sea una verdadera arca de seguridad!

Tristemente, la verdad es que, en términos de madurez emocional y relacional, existe muy poca diferencia entre los cristianos dentro de la iglesia y los de afuera que no profesan tener una relación con Jesucristo. Y mas alarmante aún, es que cuando vas más allá de los servicios de adoración los domingos y entras en los hogares y grupos pequeños del pueblo de Dios, comúnmente encuentras un valle lleno de relaciones rotas y fracasadas. De hecho, para muchos, el punto de comienzo para la siguiente relación personal o social es una linea directa de una relación fracasada. El hábito de cambiarse frecuentemente de iglesias es más un resultado de una falta de resolución de problemas en relaciones rotas que de cualquier otra cosa.

Tales personas pueden presentarse como maduras espiritualmente, pero algo esta completamente desequilibrado en relación a su espiritualidad. Muchos son "maduros espiritualmente" pero aun son infantes, niños, o adolescentes emocionalmente. Demuestran poca capacidad para procesar su enojo, tristeza, o dolor. Se quejan, protestan, se distancian de otros, culpan, y usan sarcasmo—como lo hacen los hijos cuando no se les da lo que quieren. Altamente resistentes a la critica o diferencias de opinión, esperan que otros cuiden de ellos y de seguido usan a otras personas para suplir sus propias necesidades.

Las raíces de este problema se encuentran en una espiritualidad deficiente, que nace de una deficiencia en su teología bíblica. Muchos cristianos han recibido instrucción provechosa en ciertas áreas del discipulado, como la oración, el estudio bíblico, la alabanza, el descubrimiento de sus dones espirituales, o cómo explicarle a otra persona el evangelio. Pero aparte de esto, los seguidores de Jesús también necesitan entrenamiento en desarrollar capacidades, como ver bajo la superficie del iceberg de quienes son, de romper la influencia de su pasado sobre su presente, de vivir quebrantados y vulnerables, de conocer sus límites, de aceptar su perdida y dolor, y de llevar a la practica su modelo de amar de la forma correcta, y de desacelerar para poder vivir en integridad. El amar a Dios y a otros de la forma correcta simultáneamente es saludable emocionalmente y espiritualmente. Son mutuamente inclusivos; sin tener ambos, ninguno de ellos es posible.

A pesar de todo el énfasis hoy en la formación espiritual, las iglesias pocas veces hablan de cómo la madurez espiritual se ve al relacionarse con la salud emocional. Por esta razón, nuestras iglesias están llenas de personas que siguen siendo emocionalmente ignorantes y socialmente inmaduras. Es triste, pero puedo pensar de varios incrédulos que son más amorosos, balanceados, y cordiales que muchos miembros que conozco en la Iglesia (incluyéndome a mí mismo). El vínculo entre la salud emocional y la madurez espiritual es un área grande y sin explorarse en relación al discipulado. Yo creo, que necesitamos con urgencia volver a examinar la Escritura en su totalidad—la vida de Jesús en particular—para así poder comprender las dinámicas de este vínculo.

"La Esposa es hermosa… pero esta casada con otro varón."

Esta frase de origen incierto ha sido citada por los estudiosos y en publicaciones que era el texto de un cable que se envió para un misión judía de investigación a Palestina en los 1890s.[1] Es generalmente presentada como una temprana implicación que fue ignorada de que una nación de judíos no podía ser restablecido en Palestina sin interferir con la población existente.[2] El historiador Antony Pagden cita la frase en su libro *Worlds at War: The 2,500-Year Struggle Between East and West* [Mundos en Guerra:

---

1   Shai Afsai, "The 'Married to another Man' Story," *Jewish Ideas Daily*, October 12, 2012.

2   Benjamin Beit-Hallahmi, *Original Sins: Reflec,ons on the History of Zionism and Israel* (Palgrave Macmillan, 1992), p. 74.

El Conflicto de 2,500 Años entre el Este y el Oeste], donde explica que la implicación fue "que los sionistas deberían buscar casarse con otros."[1]

Triste como escucha, esta frase en muchas ocaciones también describe apropiadamente la Esposa de Cristo. Cuando las personas llegan a la fe en Cristo, llegan a ser hermosas. Pero luego se distraen con alguna otra cosa. Muchas veces estas otras distracciones son cosas buenas pero no son lo suficientemente buenas para estar "casados" con ellas. Entonces Jesús llega a ser ignorado, mientras que nos apresuramos tras el orador mas carismático en los círculos cristianos o el libro cristiano reciente mas vendido que ha llegado al mercado o la técnica evangelista mas novedosa que se haya introducido desde el folleto evangélico del *Romans Road* [Camino de Romanos].

Y otra vez, el Apóstol Pablo lo veía venir cuando le escribe a los cristianos en Corinto en 2 Corintios 11:3-4: "La cosa que me tiene tan disgustado es de que me preocupo tanto por ustedes—¡esta es la pasión de Dios que arde dentro de mí! Yo prometí tu mano en matrimonio a Cristo, te presenté como una virgen pura a su esposo. Y ahora temo de que de la misma forma en que la Serpiente sedujo a Eva con sus palabras suaves, tú estás siendo seducido para alejarte de la pureza sencilla de tu amor por Cristo. Me parece que si alguien llega predicando a un Jesus muy diferente a lo que nosotros hemos predicado—un espíritu diferente, un mensaje diferente—lo aguantan muy fácilmente" (*The Message* [El Mensaje]).

Pablo esta diciendo en su esencia, yo pensé que había oficiado a un matrimonio legitimo de ustedes con Cristo. Fue maravilloso ver tu amor y adoración por Él. ¡Tú fuiste Su hermosa novia de bodas! Pero ahora parece que estas casada con otro hombre. ¿Qué pasó? ¿No fue Cristo lo suficientemente bueno? ¿De alguna forma me equivoqué en la ceremonia? ¿O ha sido un impostor adultero que ha robado sus corazones?

Reflejos en el Matrimonio

5. La Relación Intima (La Esposa)

---

1   Eric Silver, "Decade of Disillusion," *The Guardian,* June 4, 1977, p.7; Anthony Pagden, *Worlds at War* (Oxford University Press, 2008), p. 419.

LA SUSTANCIA ORIGINAL:

La iglesia se regocija por el hecho de que esté la presencia de Cristo dentro de ella.

"A quienes Dios quiso dar a conocer las riquezas de la gloria de este misterio entre los gentiles; que es Cristo en vosotros, la esperanza de gloria" (Col. 1:27).

EL REFLEJO:

La esposa en unión con su esposo (para nosotros como esposos, sentimos esto a un grado mucho mayor en una forma física y sexual que para nuestras esposas). Y esto no esta mal, solo diferente.

"Por esto dejará el hombre a su padre y a su madre, y se unirá a su mujer, y los dos serán una sola carne" (Ef. 5:31).

Tal es la relación más intima que jamas se puede experimentar. Es un reflejo hermoso de "Cristo en ustedes" cumpliendo nuestra función que Dios ordenó.

Aplicaciones Para Parejas

Raquel Honraba la Jerarquía

"Por favor ayúdame" suplico quietamente. Pero yo no podía.

Entonces murió, y juntamente con ella, algo en mí murió también.

R = ___Relaciones___ : Cara a cara en el matrimonio; hombro a hombro con mis amigos.

A = ___Autoridad___ : El deseo de servir y de guiar es la esencia de autoridad y hombría.

Q = ___ConQuista___ : Dios puso dentro de cada portador de Su imagen varón este cromosoma.

U = ___JerarqUia___ : Algo dentro de la genética del hombre anhela proveer y proteger por los que están bajo su cuidado.

E =_____: Muchas mujeres se relacionan con los hombres en menosprecio, pero esto es lo opuesto del menosprecio.

L =_____: Esto es poderoso para un hombre. Una mujer que honra cree más en su marido de lo que él cree en él mismo.

Raquel no solo entendió mi predisposición para proveer para ella y protegerla, pero a distinción de muchas mujeres de hoy, ¡ella contaba con ello! Es por esto que billones de dólares se gastan cada año en pólizas de seguro de vida, y la mayoría de estas pólizas son comprados por hombres que no quieren que su esposa e hijos se queden sin sustento. Aún así, algunas personas de nuestra cultura se molestan por esto. Para ellos, igualdad significa que no tienen distinciones. Pero mientras esto puede parecer bonito a algunas parejas, esencialmente los hace mutuamente innecesarios. No es de sorprenderse que nuestra sociedad aveces se parece a un perro que esta correteando su cola, como lo es el caso de nuestro pequeño Sheltie en el patio trasero con un helicóptero volando en círculos arriba de él (como suele suceder muchas veces en Los Angeles). El sabe que esta maquina asombrosa esta allí arriba haciendo algo importante, pero no esta seguro de qué o cómo detenerlo, y por lo tanto corre en círculos ladrando tan fuerte como puede, haciéndose ver muy ridículo.

Argumentando en contra de las Escrituras es igual de ridículo y nunca logramos nada con ello, porque Dios es el Autor y Él lo sabe todo. Pero para poder beneficiarnos de su discernimiento, debemos aceptar su autoridad. Efesios 5 nos pone un ejemplo: Como hombres, somos imágenes de Cristo y Su sacrificio por nosotros en la cruz para protegernos de Satanás y proveernos de salvación. Las mujeres dan una imagen de la iglesia en su respuesta al amor incondicional de Cristo por ella. Su reverencia por Él esta arraigado en Su sacrificio por ella. El matrimonio entonces es el privilegio honorable de ejemplificar tal amor y respeto juntos.

La Escritura continua diciendo en 1 Corintios 7:28, "Si te casas … tendrás dificultades." ¡Esto es muy claro! A diferencia de Hollywood, la Biblia es muy realista. El matrimonio es difícil en gran parte porque los hombres y las mujeres son tan diferentes. En la atmósfera de la cultura de hoy, las mujeres de seguido se ofenden por la mera idea de tener necesidad de un hombre para protegerlas o para depender de él en alguna forma. Pero como un hermoso ejemplo de la iglesia, Raquel sintió profundamente su dependencia de mí como su esposo. De hecho, el periodo mas difícil en nuestro matrimonio fue cuando me apoyaba demasiado en ella para que me ayudara, y ella sintió que tenia que protegerme. Aunque lo hizo con mucho valor, llego a sentirse vulnerable y desprotegida ella misma.

Pero los que comprenden la jerarquía, lo entienden. Sencillamente lo entienden. Aprecian la naturaleza de jerarquía de los hombres; la forma en que los hombres desean servir—aún morir si es necesario. Hay algo en nuestra genética que anhela proteger y proveer por los que están bajo nuestro cuidado. Y cuando esto esta ausente, es porque fue quitado de nosotros por alguien … de alguna forma … en alguna parte … en algún tiempo.

La parte más dolorosa de la muerte de mi esposa fue que tuve que verla morir, atada a una camilla, y no hubo absolutamente nada que pudiera hacer. Aún en ocasiones lloro en la privacidad de mi propia experiencia, tropezando de un bache a otro sobre las banquetas de Los Angeles, deseando que de alguna forma pudiera cambiar las cosas y morir por ella en lugar de verla morir. ¡Y cada esposo sentiría lo mismo! Es algo inherente dentro de nosotros. Raquel honraba este deseo dentro de mí hasta su ultimo respiro cuando suplico, "¡Por favor ayúdame!" Ella esperaba que yo me adelantara y proveyera para ella … que la protegiera … que la librara en ese momento tan crucial. Y cuando no pude, nuestro matrimonio murió.

Capítulo 14

Esposas Madres e Hilos del Delantal

La Historia de Raquel

¡Tengo tantas cosas por las cuales estar agradecido! Cuando las parejas comprometidas se comprometen "a amar y a querer, en la salud y en la enfermedad, en la riqueza y en la pobreza ... hasta que la muerte los separe," viven con el anhelo de una vida completa por delante: lunas de miel, primer hogar, primer embarazo, niños pequeños, niños preescolares, adolescentes, jóvenes, años ocupados en el ministerio juntos, años de mediana edad con graduaciones de la preparatoria y del colegio, el síndrome del "nido vacío," y finalmente el envejecer juntos. Todo esto Raquel y yo lo experimentamos, aparte de lo último, al menos que consideres el cumplir cincuenta años como envejecer, dentro de tal caso lo tuvimos todo.

Tantos otros cónyuges de luto han experimentado mucho menos que yo, y Dios siempre tiene Sus razones, pero Él nunca nos dice exactamente el porque. El simplemente nos permite preguntarnos e imaginar lo mejor que podamos, a deambular por la vida a pesar la confusion que sentimos, y a alabar ambos en el altar de la alabanza y en el altar del lamento. Quisiera poder darle una conclusión con alguna explicación sensible, pero no puedo. Todo lo que puedo ofrecer es la solución de rendirse. ¡Y en realidad es la única solución! Es como permitir a un pájaro hermoso salir de la palma de tu mano. Podemos quejarnos e intentar retenerlo, pero todo lo que lograremos es destruir al pájaro o arrugar su belleza. La mejor cosa que se puede hacer es simplemente liberarlo para volverse a Dios quien lo dio.

Podemos juntar todos los objetos que nos traen recuerdos y guardarlos cuidadosamente en nuestro museo de memorias y visitarlo tantas veces nos sea necesario. Pero la verdadera resolución y sanación llegan al aceptar la siguiente cosa que Dios nos da: otro día, otro año con nueva potencial, otro amigo, otra conexión de corazón a corazón, otra avenida de oportunidad para crecimiento en Cristo, quien encontraremos cara a cara en un futuro no tan lejano, que en realidad es el propósito principal de la vida.

Sí, Raquel estaba en el medio de un conflicto intenso para cortar los hilos del delantal con sus hijos. Ese día en que Marcel empaco las cosas de su cuarto fue difícil para ella. Subió todas las cosas a su carro y se fue hacia al este hacia Pensilvania para llevar a cabo los últimos preparativos con su comprometida Krista para el día de su boda. Lo abrazo fuertemente y lloro y lloro. La memoria de él obviamente tiene profunda nostalgia ahora al recordarlo vez tras vez. Es doloroso, pero es precioso también. Esta es la forma en que funciona esta cosa que se llama el duelo, justo como cortar los hilos del delantal, ambos lo doloroso y lo precioso pasan al mismo tiempo, ofreciendo ambos las memorias para apreciar y los anhelos lamentables, los cuales llevan a la alabanza. "¿Recibiremos de Dios el bien, y el mal no lo recibiremos?" (Job 2:10).

Christopher con su madre.

Su Inspiración

"¿Alguna vez te volveré a ver?"

7 de Diciembre, 2012 por aguyonajourney, el blog de Marcel

Un Mes… El tiempo sigue, las memorias se hacen mas distantes…

Fue una tarde. Estábamos sentados en la sala, dolorosamente anhelando ayudarla. Ella se estaba escapando y no había nada que pudiéramos hacer. Fue una sala extraña, una que no reconocía. Sabíamos que se estaba muriendo pero no **había** nada que pudiéramos hacer. Ella no hablaba; solo estaba sentada quietamente. Había un sentir de que se acercaba el fin, un sentimiento oscuro de que el tiempo se acababa. Papá se levanto y salió por la puerta. Después de un rato, Mamá también salió por la puerta. Estaba nevando afuera; recuerdo que el suelo estaba cubierto de nieve **blanca** y suave. En un instante, supe que era el fin. Ella se estabas yendo. Yendo para Siempre.

Con un sentir de pánico y sin saber qué hacer para impedir esta despedida tan horrible, me apresure a la salida, abriendo rápidamente la puerta. Grite con una voz titubeante con lagrimas corriendo por mis mejillas, "¿Alguna vez te volveré a ver?" Ella volteo, aun parada en la nieve **blanca** y suave, me miro, y con lagrimas de dolor corriendo por sus mejillas asintió confiadamente con la cabeza diciendo que **sí**, pero no dijo nada más. Sus lagrimas de dolor fueron por el dolor de la separación. Ella no dijo cuánto tiempo pasaría hasta que la volviera a ver, pero había un sentir de que seria un tiempo muy largo, pero **sí** la volvería a ver.

Este fue el sueño que tuve anoche. Uno de los muchos que he tenido recientemente donde las emociones se han sentido tan reales y la tristeza tan pesada. Pero este sueño, especialmente, trajo un extraño sentir de consuelo juntamente con la tristeza de separación que provocó.

Yo sé que Dios es bueno y que el Cielo es real, pero mi fe parece tan débil aveces, tan titubeante. Y lucho con dudas. Y lucho con la tensión de anhelar el cielo para ver a Mamá y anhelo el cielo para ver a Cristo. Pero, en una forma especial, este sueño se sintió como un regalo de Dios, diciendo, "¡Sí, estoy aquí, el cielo es real, y tu volverás a ver a tu Mamá otra vez algún día, y esta bien para anhelar estar con ella!"

La alabanza es una decisión. Dios es bueno. El creer es una decisión. El cielo es real… luego viene una fe más *fuerte*. Por favor oren por mí.

*****

Raquel se preocupaba un poco por perderme a mí. Esta es la única cosa que me gusta de que ella se fuese primero—¡ella nunca tuvo que experimentar esta cosa dolorosa de perder a tu amante! Ella también temía el día en que tuviera que cortar los hilos terrenales con sus padres; esto, también, no lo tuvo que pasar. Sus padres les dijeron a algunos de la familia en la reunion familiar en el Año Nuevo que habían esperado algún día poder mudarse con Raquel y su familia, porque sentían que ella era la mejor persona para cuidar de ellos cuando no pudieran cuidarse más ellos mismos. ¡Esto me toca profundamente, porque sé que ella lo hubiera visto como el privilegio más grande de su vida al hacer esto! Pero no llego a suceder. En lugar de ello, fue ordenado divinamente por Dios Padre que ellos vivieran más tiempo que su hija primogénita y serian un apoyo a su familia en su muerte y en su ausencia.

Mientras que la madre de Raquel se sentaba en una silla no muy lejos de su ataúd suspendido sobre el sepulcro abierto en el día de su entierro aquí en el Parque Conmemorativo de Woodlawn en Glendale, ella se estaba lamentando de la desgarradora realidad de tener que ver a su propia hija ser enterrada. Sus ojos estaban fijos en el hermoso ataúd de color cereza cuando de repente escuchó la voz de Raquel decir, "¡Mamá, estoy aquí arriba!" Mamá levanto la vista hacia el cielo, y allí vió la cara sonriente de Raquel dentro de el vapor etéreo de esa tarde solemne. El cielo se encontró con la tierra en muchas formas durante esos primeras días de separación.

La Esposa de Cristo

La Esposa de Cristo y sus "hilos del delantal" se pueden ver al observar lo difícil que es para iglesias fundadoras entregar las riendas del liderazgo al cuerpo local de creyentes y sus lideres. El ser humano fue equipado en el momento de la creación con instintos de supervivencia y de autopreservación. Naturalmente hacemos grades esfuerzos para ayudar a que las cosas continúen como lo eran desde el principio. Es difícil para nosotros imaginar como algo que ha funcionado tan bien por tanto tiempo jamas pudiera mejorar tan siquiera con el cambio, mucho menos con un cambio de liderazgo.

Pero la vida y el crecimiento se basan en el cambio. Como alguien dijo recientemente, "El Espíritu sin la Palabra hará que explotemos. Y la Palabra sin el Espíritu hará que nos sequemos. Pero el Espíritu y la Palabra traerán crecimiento." ¡Esto es lo que necesitamos: el crecimiento! Si los infantes nunca cambiaran, estaríamos alarmados y llamaríamos al doctor. Pero al crecer, estos mismos infantes se van desarrollando correctamente de una etapa a otra hasta llegar a ser fuertes y maduros y capaces de colaborar con otros al reproducirse, reabastecer a otros, y traer avivamiento al mundo a su derredor.

Los Gemelos Sutera de la Hermandad del Avivamiento en Regina, Saskatchewan, lo dijeron sucintamente, "El evangelismo sin avivamiento es cómo llevar a un bebé recién nacido al pecho de un cuerpo muerto." Ciertamente, los bebés que nacen dentro de una hermandad en donde el avivamiento constante no ocurre morirán por falta de vida y nutrimiento. Y no importa si estos bebés nacen de familias existentes en la iglesia, o si nacen como resultado de alcanzar a otros por medio del evangelismo. Sin avivamiento, morirán. Un cuerpo no puede emanar vida. Un cuerpo vivo, móvil, y creciente si puede.

Reflejos en el Matrimonio

6. El Patrón de la Propagación (El Esposo)

LA SUSTANCIA ORIGINAL:

Cristo engendra la vida espiritual.

"Porque de tal manera amó Dios al mundo, que ha dado a su Hijo unigénito, para que todo aquel que en él cree, no se pierda, mas tenga vida eterna" (Juan 3:16).

EL REFLEJO:

El esposo engendra la vida natural. (¿Alguna vez has notado la lista larga de "engendros" en las Escrituras?)

"Abraham engendró a Isaac, Isaac a Jacob, y Jacob a Judá y a sus hermanos ..." (Mt. 1:2-16).

La propagación no debe ser una experiencia egoísta, sino una que trae gozo y satisfacción a la esposa. Repito, es un reflejo del efecto que Cristo tiene dentro de la iglesia.

Aplicaciones para Parejas

La Estima: La Esencia del Honor

La Estima es lo opuesto del menosprecio. La mayoría de las personas piensan en términos de la *autoestima,* pero Raquel tuvo la habilidad de dar estima a *otros,* que nacía de un sentir de conocer quién era ella misma. Un hombre de nuestra hermandad quien ha estado casi sin hogar la mayor parte de su vida siempre encontraba un sentir de dignidad cuando estabas con ella. Él la trataba como una reina, porque ella lo hacia sentirse valorado. De seguido he dicho que Raquel fue quien me hizo quien soy yo también. Su estima por mí fue autentica, no del tipo barato que se siente como manipulación, sino el tipo que extrae honor de tu interior como un bálsamo curativo.

R = __Relaciones__ : Cara a cara en el matrimonio; hombro a hombro con mis amigos.

A = __Autoridad__ : El deseo de servir y de guiar es la esencia de autoridad y hombría.

Q = __ConQuista__ : Dios puso dentro de cada portador de Su imagen varón este cromosoma.

U = __JerarqUia__ : Algo dentro de la genética del hombre anhela proveer y proteger por los que están bajo su cuidado.

E= __Estima__ : Muchas mujeres se relacionan con los hombres en menosprecio, pero esto es lo opuesto del menosprecio.

L = _____ : Esto es poderoso para un hombre. Una mujer que honra cree más en su marido de lo que él cree en él mismo.

Muchas mujeres se relacionan con los hombres en menosprecio. Uno de tres han experimentado alguna forma de abuso sexual en sus vidas, y es universal—aún mujeres cristianas dentro de sistemas de iglesias, y sí, en algunos de nuestras sistemas de iglesias Menonitas también. Infancias traumáticas de abuso o negligencia, ambientes turbulentos cómo adolescentes, y culturas chismosas dentro de la iglesia las llevan a desarrollar opinions distorsionadas de los hombres. Las mas traumatizadas son las que vienen de los hogares de lideres y pastores de la iglesia en donde ocurre la infidelidad y la deslealtad. Pero por otras, sencillamente vienen de hogares de padres permisivos que las han mimado y preparado para problemas que reflejan tales complejos. Estas mujeres heridas terminan siendo severamente sensibles a cualquier deficiencia que encuentren en los hombres. Si un hombre las ofende o las sorprende en alguna manera, sienten pánico y responden con dagas de ignorancia, teniendo muy poco conocimiento del corazón masculino. ¡Y no es de sorprenderse, al considerar lo que han pasado!

Sin recibir sanción, tales mujeres obviamente no son buenas esposas, sin embargo, muchas de ellas corren precipitadamente al matrimonio. Tristemente, sus compulsiones por casarse provienen de sus almas heridas en lugar de afecto sincero por sus padres que modelaron sus madres. Las madres son en realidad las únicas personas que pueden ser las mejores modelos para sus hijas en un afecto saludable con sus esposos. Sin ello, la necesidad por sus compañeros creados es obvia pero no tiene base alguna de confianza sobre la cual edificar. Por lo tal, sus relaciones con los hombres llegan a ser una pauta envenenado de empujones de dolor sin resolverse: ¡Ven acá, ven acá, ven acá! ¡Aléjate, aléjate, aléjate!

Gracias a Dios, que a pesar de esto, que de la misma forma en la que Él puede usar buenas mujeres para traer sanidad a los hombres, así también, Él puede usar hombres buenos para traer sanción a las mujeres. Es un desafío, aun así, porque como el agua encuentra su mismo nivel, así las personas del mimo nivel de madurez emocional son atraídos el uno al otro. Por lo tanto, una mujer no saludable normalmente no será atraída a un hombre saludable o vice versa. Entonces es muy probable que su esposo no sea alguien lo suficientemente maduro espiritualmente y emocionalmente para poder ser un acueducto en sanción para ella sin herirla aún más. Sin embargo, todas las cosas son posibles con Dios de quien provienen todas las bendiciones. Si ambos están comprometidos a la sanidad, es posible avanzar poco a poco un paso a la vez, año tras año, gracia sobre gracia … trayendo la sanidad el uno al otro.

Puedo estar seguro de esto en parte, porque a cierto grado Raquel y yo lo vivimos. Ambos entramos al matrimonio, hace casi treinta años ahora, con un elemento de deficiencia de estima. Estábamos a niveles similares de salud espiritual, pero después de nuestro matrimonio, nos enfrentamos a abuso espiritual por estar dentro de sistemas insalubres de iglesias. Esto, sin duda, tuvo efecto. Sin embargo, por la gracia sublime de Dios y el toque de algunos amistades claves por el camino, pudimos mejorar nuestro nivel de salud espiritual, y por lo tanto haciendo posible desollar este elemento de estima mutuo tan necesario para un matrimonio floreciente. Y aunque sí llegamos a herirnos un poco en el proceso de metamorfosis, por la gran gracia de Dios, y por nuestra determinación para alcanzar la sanidad, nuestras heridas fueron limitadas. Y en balanza, experimentamos mucho más sanidad que heridas y hemos podido ayudar a otros a experimentar lo mismo.

¡Tú puedes también!

Capítulo 15

¡Partida Dolorosa!

La Historia de Raquel

"En gran manera me gozaré en Jehová, mi alma se alegrará en mi Dios; porque me vistió con vestiduras de salvación, me rodeó de manto de justicia, como a novio me atavió, y como a novia adornada con sus joyas" (Is. 61:10). "Bienaventurado el pueblo cuyo Dios es Jehová" (Sal. 144:15b). Estos versículos fueron la ultima cosa que Raquel publico en su pagina de Facebook, solamente seis días antes de partir a su hogar celestial.

El mensaje fue sencillo ese martes fatídico por la mañana: "Por favor oren por nosotros, estuvimos en un accidente." Lo recibí de mi hija Kris: mientras que estaba entrando al Wal-Mart allí en Canon City, Colorado, donde iba a esperar a Raquel. Habíamos planeado ayudar a Asher y Teresa y a su familia a preparase para su boda, que se llevaría a cabo en solamente cuatro días. Pero, allí de la nada, llegaría un corpulento pickup Dodge Ram que chocaría contra la puerta del chofer, directamente con el cuerpo delicado de mi esposa. Aun con bolsas de aire laterales, el minivan Kia Sedona era mucho menos resistente y no seria competencia alguna para el cuadro reforzado de acero de una camioneta cuatro por cuatro.

Fue a las 10:40 a.m., la mañana del 6 de noviembre, 2012. Nada pudo haberme preparado para lo que iba a pasar. Pocas veces habíamos hablado Raquel y yo de como sería perder el uno al otro. Habíamos registrado un testamento oficial con la Oficina de Ley Griffith en International Falls, Minnesota, muchos años atrás y ambos habíamos resumido planes básicos para una funeral también. Ella había actualizado la de ella el año anterior y ocasionalmente me recordaba actualizar el mío también. Pero para realmente intentar de imaginar cómo seria un escenario … solamente no fue algo que queríamos hacer.

El mensaje de texto parecía algo típico para mí cuando recién lo leí: " …Hemos estado en un accidente." Diferentes miembros de nuestra familia habían estado en accidentes a travez de los años, y asumí que fue otro accidente leve de alguna forma u otra. Pero luego vi el mensaje otra vez: "Por favor oren por nosotros" incluía. Yo sabía que Kristi fue el tipo de persona que fue pronta para orar en toda situación, pero algo parecía diferente acerca de esto. Hice a un lado el sentimiento. *Estamos aquí en un tranquilo y pequeño pueblo de una comunidad en Colorado; NO estamos en Los Angeles. Esto no pudiera ser algo demasiado serio. Aparte de eso, nos estamos quedando con la familia Helmuth, quienes viven a seis millas fuera del pueblo.*

Habíamos leído las estadísticas antes de mudarnos a Los Angeles, de que aunque en las ciudades pasan mas accidentes, la mayoría de los accidentes fatales pasan fuera de la ciudad. Difícilmente hubiéramos imaginado en ese entonces—mudándonos a la segunda metrópoli más grande del país—de que uno de nosotros llegara a representar esta estadística precisamente. Y ciertamente no de qué seria Raquel. Ella fue la más cautelosa para manejar en la familia. Tal vez yo o uno de los muchachos, pero ciertamente no seria ella, viviendo en la ciudad pero muerta en un accidente de carro afuera de la cuidad.

Entonces sonó mi celular, haciéndome olvidar el mensaje de texto que veía. Fue Asher.

"Hola Papá, ¿recibiste el mensaje de Kristi?"

"Sí, lo recibí."

"¿Aún estás en Wal-Mart?"

"Sí."

"Sal afuera al estacionamiento. Teresa y yo pasaremos a recogerte."

"Ok."

Apresuradamente, corrí afuera al estacionamiento justo a tiempo para que Asher y Teresa llegaran en el carro Saturn de Asher. Me subí rápidamente al asiento trasero mientas que el marcaba a Kristi para saber exactamente en donde se encontraban.

"¿Cuál es la intersección en donde se encuentran?" Él le preguntó. Ella le dió las coordenadas—una intersección apenas a una milla de la casa de la familia Helmuth.

En retrospección, es algo asombroso que Kristi pudiera hacer todo eso—mandar mensajes de texto a la familia, proveer algunos detalles del accidente, y dar la ubicación exacta en dónde ocurrió el accidente. Ella también había estado en el accidente, y estabas experimentando el susto de haber sobrevivido un impacto de esta magnitud. Ella había sufrido un contusión y apenas recuerda algún detalle de ese día. Me fluyen las lagrimas cada vez que pienso en lo que paso mientras que Kristi estaba en su cama de hospital después. Su hermana Caria le había recién contado de la muerte de su madre, y ella prorrumpió cantando "Agnus Dei"—"Tú eres ¡Santo! ¡Santo... eres Tú Señor Dios Todopoderoso! ¡Digno es el Cordero, digno es el Cordero! ¡Amen!

Esto preparo el escenario perfecto para la maravillosa alabanza entre llanto que ocurriría a travez de los siguientes cuatro días al hacer ambos planes para una funeral y planes para una boda simultáneamente—el funeral el viernes y la boda el sábado. Suena imposible, ya sé, pero no hay alabanza tan profundamente conmovedora, pero a la vez de bendición sobrenatural, que la que viene de un corazón quebrantado. Toda nuestra familia lo sentimos esa semana. Hemos lamentado muchas veces desde entonces, inclinados sobre el altar del lamento, pero en el día del funeral, nuestros brazos estaban elevados en asombro resonante y alabanza hacia un Dios quien obviamente nos tenía en Sus manos.

El ataúd de Raquel sobre el sepulcro en Resurrection Slope
[Cuesta de Resurrección] en Forest Lawn Memorial Park
[Parque Memorial del Pasto del Bosque].

Raquel misma también había ayudado a preparar el escenario para la alabanza en su funeral dos días antes de su muerte. En la Iglesia Menonita de Skyline en donde adoramos el domingo, el servicio se concluyo al reproducir un video del canto de Ivan Parker, "When I Get Carried Away" [Cuando sea Llevado de Aquí]. Es un canto algo contemporáneo con un ritmo más pesado de lo que a Raquel le gusta por lo común, pero aun puedo sentirla parada a mi lado moviéndose con las palabras poderosas y música esa mañana, siendo "llevada" por el memento. Y por lo tanto fue una decisión fácil de mi parte pedir que se tocara este mismo canto al final del servicio del funeral, solo dos días después. Pronto después de cantarlo, ella había sido literalmente "¡llevada de aquí!"

Su Inspiración

Bailando con Jesús

Mi concuñada, Lynette Schrader, tuvo otro sueño de Raquel hace algunas noches y me mando un correo acerca de ello. Con su permiso, lo comparto aquí en sus propias palabras:

Fue un sueño triste para mí. Estábamos en un baile folklórico (Ya sé, no seria probable). Raquel estaba contigo y traía puesto un vestido azul cielo, que la hacia verse tan bien. Estaba sonriente y pacifica. Y de repente ya no estaba. Y tú ya no tenias una compañera para el baile.

Tim y yo estábamos bailando juntos, y rápidamente mandamos a Ana y Alayna para tomar tus manos y terminar el baile contigo. Tal vez suena como un sueño ridículo, pero fue tan real.

Me desperté con lagrimas. Estoy con lagrimas al escribir esto. La realidad de su fallecimiento me tocó otra vez. Mis lagrimas eran porque la extrañaba. También eran por ti. Sentí un peso tan apremiante por ti y por tu realidad a diario de estar "bailando" solo. Tengo que recordarme de que en realidad, nunca estamos bailando solos. Mi oración para ti es que sientas las manos del Padre tomando las tuyas al llevar a cabo el baile de hoy.

¡Esto lo describe tan apropiadamente! Es una "realidad a diario" el estar "bailando" solo. El peso de la tristeza muchas veces se siente apremiante. Al mismo tiempo, en verdad que sí "siento las manos del Padre tomando las mías al llevar a cabo el baile de hoy." Lo llamo "Bailando con Jesús." Con Él, estoy haciendo mi mejor esfuerzo. Pasamos muchos tiempos extraordinarios aunque tropiezo aveces en mis pasos. ¡También es maravilloso saber que con Él como mi compañero de baile, estoy siempre en Su mente, y estoy siempre en Su corazón! ¿Porque no permites que Él sea tu compañero de baile también?

*****

Asher manejo directamente a la intersección, pero estaba tan congestionado con vehículos de emergencia, carros de vecinos, y personas que iban pasando que no pudo estacionarse. De un brinco salí del carro y corrí las 300 yardas [275 metros] hacia el desierto en donde la mini-van se había llegado a detener. El lado del chofer estaba completamente abollado en el lugar donde la camioneta cuatro por cuatro la había impactado. Al acercarme al vehículo, un oficial me detuvo y me dijo que no podía acercarme más. Le dije que mi esposa estabas dentro de él.

"No te acerques" repitió.

Pero no le hice caso. Me di la vuelta hacia el lado del pasajero, al lado opuesto de donde el personal de la ambulancia estaba quitando la puerta del chofer con una quijada de vida. Me subí al asiento del pasajero en mis manos y rodillas y empecé a hablarle a Raquel. Estaba quejándose quietamente.

"¡Estoy aquí, mi Caramelita! Todo va a estar bien. ¡Te amo, Raquel!"

"¡Por favor, Jesús! ¡Ten misericordia… ayúdala ahora! ¡Señor, nada es imposible para Ti! ¡Por favor, por favor, Te necesitamos tanto!"

Con un fuerte estruendo, la puerta del chofer fue desamblada del carro y el equipo de rescate la saco cuidadosamente de la mini-van y la acostaron en una camilla. Me hinque a su lado mientras que los trabajadores médicos de emergencia trabajaban para estabilizar su condición. Cuando pusieron una mascara de oxigeno sobre su cara, inmediatamente trato de quitarla, y me dijo quietamente. "Por favor, ayúdame."

"Esto es un buena señal," dijo uno de los médicos. "Es lo primero que ha hablado. Debe haber reconocido tu voz."

"Sí, yo creo que sí," respondí.

"¡Estoy aquí contigo, Raquel! Vamos a salir de esto."

"O, Dios, por favor ayúdala a respirar," supliqué.

Yo no conocía lo extenso de las lesiones internas de Raquel. Su caja torácica estabas completamente despedazada, y varios de los puntos filosos de sus costillas habían abierto su pericardio, la bolsa de dos capas que contiene el corazón. Su corazón estaba completamente afuera de esta bolsa. Su orta estaba reventada. Tenia hemorragia en el cerebro. Cualquiera de estas cosas le hubieran quitado la vida, pero el forense puso "trauma directo al corazón" como la causa de su muerte. Aparte de un milagro, no había forma en que Raquel pudiera sobrevivir. Pero, por supuesto, yo no conocía nada de esto en ese momento. Solo sabia de que había hablado y que el medico dijo que fue una buena señal. Mientras que subían su camilla al helicóptero de emergencia, le di un beso a Raquel en la mejilla y le dije, "Te veo pronto."

Pero inmediatamente después de despegar, mientras que el helicóptero se dirigió a Colorado Springs, el corazón de Raquel dejo de latir y los médicos nunca pudieron hacer que empezara a latir de nuevo. El enfermero a bordo después me dijo que nunca había visto algo parecido. En todos sus años de experiencia, nunca había visto a alguien morir a bordo del helicóptero de rescate. Por lo regular, si una víctima esta demasiada herida, nunca logra subirse al helicoptero, y si logra subirse, normalmente sobrevive. El dijo que el hecho de que Raquel había vivido tanto tiempo con heridas tan increíbles es en sí un milagro. "Jamás olvidaré esta experiencia en el helicóptero de emergencia," dijo él "y la gentileza con que miró a todos lados dentro de la cabina del helicóptero, y luego simplemente cerro sus ojos y murió."

Ambos Kristi y Christopher fueron llevados por la ambulancia a un hospital local, y ambos fueron dados de alta después de un par de horas. Ambos tenían contusiones cerebrales menores, aunque Kristi tuvo bastante perdida de memoria a corto plazo y recuerda muy poco de ese día. Ella preguntaba las mismas preguntas vez tras vez a los que estaban con ella, pero nunca preguntó una segunda vez acerca de la muerte de su madre. Una perdida tan repentina y significativa sencillamente no le se pudo olvidar.

El padre de Teresa, El hermano Loren Miller, me llevo al hospital en Colorado Springs a donde Raquel fue llevada. Nos tomo casi una hora llegar, pero parecía una eternidad. Asher, Teresa, y su hermano Austin nos acompañaron. El personal del hospital nos llevó a un pequeño cuarto de espera cuando llegamos, y esperamos y esperamos y esperamos. Finalmente el capellán y el doctor entraron. Sus palabras fueron sencillas e inmediatamente fueron directo al punto, refiriéndose a los médicos que estaban a bordo del helicóptero de emergencia, dijeron: "Hicieron todo lo posible, pero no pudieron hacer que reiniciara su corazón."

¿Cómo puede una persona digerir palabras tan terribles? ¿Cómo pueden veintiocho años de matrimonio y miríadas de "en lo bueno y en lo malo" terminar tan repentinamente? En realidad no termina. Justamente ayer, más de dos años después, al cantar "Agnus Dei" otra vez en la iglesia, me sacudía llorando, volviendo a vivir la emoción de todo ello. Gracia, es todo lo que conozco. Lo que recuerdo tan distintivamente es simplemente aceptándolo en el momento. El duelo, las lágrimas y la soledad agonizante vendrían después, pero en la urgencia del momento ¡Cuándo más lo necesitaba, la gracia de Dios estaba allí! Gracia para sostenerme a largo plazo vendría también con el tiempo.

La Esposa de Cristo

Primer Cuestión Crítica para la Iglesia: <u>EL ORDEN</u>

El orden se trata de poner a las cosas de mayor importancia en primer lugar. En el libro de Genesis, encontramos un diseño que se apoya a travez del resto de la Escritura. Tiene que ver con el Arbol de la Vida y el Arbol del Conocimiento del Bien y del Mal. El contexto es Dios y Sus primeros seguidores, dos personas quienes Él acaba de crear, en un paseo fresco en el jardín. Pudieras decir que fue la primera parte en donde Dios se encontró con Sus seguidores; la primera iglesia, por decir así. No fue una iglesia en casa (pues no hubo casa) sino una hermandad reunido en el hogar. Y su hogar fue un jardín ... el Jardín de Edén. Ahí fue donde Dios se encontró con ellos.

El Arbol de Vida, juntamente con todos los otros arboles en el jardín, estaba del todo disponible para que esta pareja comiera de él. Pero había un árbol en medio del jardín que Dios específicamente mando que no comieran: el Arbol del Conocimiento del Bien y del Mal. ¿Por qué? ¿Por qué tomo Dios el tiempo para hacer un árbol de este estilo, que obviamente daba fruta deliciosa, para luego mandarlos a que no comieran de él? La respuesta de Dios fue directa y fue al punto, aunque para nuestros mentes curiosos careciendo en detalles. Él Simplemente dijo, "Ciertamente morirán."

¡Esto debería ser suficiente para mantenernos muy alejados de intentar comer de este árbol! Si alguien nos apuntaría a una botella con un liquido de aroma apetecible y diría, "Si tomas esto, morirás," cada uno de nosotros con mentes saludables rápidamente nos alejaríamos de él. O si tu estuvieras parado en la cima de un precipicio y alguien apuntaría al valle hermoso que esta al fondo y diría, "No te acerques porque en el momento que lo hagas, caerás a tu muerte," ¿Estuvieras pronto para dar un paso hacia el precipicio? No si estas en tu juicio. Te alejarías, y con el simple pensar en dar un paso por en cima del precipicio haría que te sintieras mareado.

El hecho de que a Adan y a Eva se les prohibiera comer de una fuente de conocimiento no sugiere qué haya habido algo malo con el conocimiento. Todo conocimiento tiene su origen en Dios. El libro de Proverbios destaca el conocimiento y nos implora a obtener sabiduría e inteligencia. Hay un lugar propio para el conocimiento. Pero solamente después de habernos satisfecho del Arbol de la Vida e ingerido la bondad de Dios a nuestros cuerpos, somos capaces de poder manejar el conocimiento. Jesús dijo, "los verdaderos adoradores adorarán al Padre en espíritu y en verdad" (Juan 4:23). ¿Notan el orden? Espíritu primero, luego verdad. El Apóstol Pablo, al clarificar las prioridades, escribió, "Cristo poder de Dios, y sabiduría de Dios" (1 Cor. 1:24). Otra vez, allí esta el orden en lista, la secuencia correcta: poder primero, después sabiduría.

Cualquier iglesia que nace por codicia de la sabiduría del bien y del mal ciertamente morirá. ¡Dios lo ha prometido! Pero uno que nace de un hambre por la misma vida de Dios, prosperará. No puede hacer otra cosa, porque es Su vida que esta obrando. Y está produciendo vida. Es vida que se reproduce a sí misma en otros. Se multiplica como el organismo vivo que es. Nace vez tras vez tras vez en las vidas de todos los que están a su derredor.

El Arbol de la Vida es donde debemos satisfacernos. Es un lugar de adoración. De hecho, es por esto que Adan y Eva fueron expulsados del bello Jardín de Edén—se equivocaron en su forma de adoración. Ellos pensaban que satanás era el que valía la pena escuchar cuando se acerco engañosamente a ellos y sugirió que en realidad Dios no sabia de lo que hablaba. En su forma sutil, él los convenció de que tal conocimiento era exactamente lo que necesitaban para sobrevivir en este mundo que Dios les había dado. ÉL alimentó su deseo por el conocimiento—el conocimiento del bien y del mal: "el día que comáis de él, serán abiertos vuestros ojos, y seréis como Dios, sabiendo el bien y el mal" (Gen. 3:5).

Mientras que el Arbol de la Vida es el lugar para satisfacernos, el Arbol del Conocimiento del Bien y del Mal es el lugar de seguimiento. Es el lugar de obediencia. Al no comer de él, obedecemos a Dios. Si comemos de él, desobedecemos. Pero la desobediencia no fue el primer pecado; la alabanza errónea sí lo fue. La desobediencia siguió la alabanza errónea. Al alabar a satanás y pensar que valía la pena escuchar lo que decía en lugar de lo que Dios había dicho, Adan y Eva desobedecieron. Y murieron.

La primer cuestión crítica para la iglesia.

El orden: ¿Qué está causando tu efecto?

Los Dos Arboles
(Génesis 2 & 3)

"¡Ay, si eligieras la vida,
para que tú y tus descendientes puedan vivir!
Puedes elegir esa opción al amar,
al obedecer y al comprometerte firmemente con el SEÑOR tu Dios."

Vida (Satisfacción) — **Conocimiento** (Seguimiento)

Alabanza =====================> Obediencia

| Somos seres que anhelan. | La alabanza es el camino a la obediencia! | Somos discípulos que aprenden. |

Poder —>—>—>   1 Cor. 1:24   —>—>—>   **Sabiduría**

"Más bien, hemos renunciado a todo lo vergonzoso que se hace a escondidas; no actuamos con engaño ni torcemos la palabra de Dios. Al contrario, mediante la clara exposición de la verdad, nos recomendamos a toda conciencia humana en la presencia de Dios." (2 Corintios 4:2 NVI)

CONCIENCIA	INTELECTO
Adoración	Reconocimiento
Fe	preguntas
Compromiso	Diálogo
Espíritu	Verdad
Enfoque	Periferico

Y "así como en Adán todos mueren …" así también hemos muerto nosotros también (1 Cor. 15:22). De hecho, al menos que seamos vivificados otra vez en Cristo, nunca comprenderemos este principio sencillo de orden, de poner las cosas de mayor importancia primero, al igual que Adan y Eva no lo pudieron comprender. ¡La alabanza es el camino a la obediencia! Si alabamos de la forma correcta, la obediencia va a seguir. Pero si nos equivocamos en nuestra forma de alabar, lo único que produce es la desobediencia y el hacer las cosas como queramos. Para que nazca una verdadera iglesia, tiene que nacer del Arbol de la Vida.

Muchas iglesias tienen problemas y mueren hoy porque nacen del Arbol del Conocimiento del Bien y del Mal. Existen porque alguien se obsesionó de algún conocimiento que obtuvieron en alguna parte, sobre algún mal del que estaban convencidos que deberían evitar o algo bueno sin la cual pensaban que no podían vivir. Entonces nace una iglesia. Pero porque están comiendo del Arbol del Conocimiento del Bien y del Mal, se están preparando para morir porque Dios dijo que esto pasaría. Muy pronto, y es asombroso que tan seguro es que pase (pero a la vez, ¿por qué nos sorprendemos de que Dios sabe de lo que esta hablando?), están peleando y correteando a travez de los ramas del Arbol del Conocimiento porque ninguno de nosotros tenemos conocimiento perfecto o entendimiento de exactamente lo que es bueno o de lo que en verdad representa lo malo. Muy pronto, todos están muertos. Tal vez ponen una fachada y mecánicamente siguen por algunas formalidades prescritas, pero en realidad están muertos, al igual que Adan y Eva murieron aunque siguieron actuando como si estuvieran vivos.

Reflejos en el Matrimonio

6. El Patrón de la Propagación (La Esposa)

LA SUSTANCIA ORIGINAL:

El propósito principal del la iglesia es reproducirse/ser evangelista. El mandato que Cristo dejó resonando en los oídos de Su iglesia fue: "Por tanto, id, y haced discípulos a todas las naciones" (Mat. 28:19a). Esto fue uno de los mandamientos más importantes, según el momento en que se impartió.

Recuerdo una ocasión cuando mis padres se subieron a su vagoneta y salieron por la calle con planes de estar fuera por varios días en un viaje. Habían llegado hasta la carretera, cuando vi que se prendieron las luces de reversa, y mi papá retrocedió todo el camino hasta llegar a la casa en donde mi hermano gemelo y yo aun estábamos parados, despidiéndonos. Mi papá bajo la ventana y dijo, "Ah, y otra cosa... no se olviden de revisar las cercas

eléctricas para que el ganado no se salga y se meta en el maíz del vecino."
Entonces subió la ventana y salió otra vez.

¿Qué creen que fue lo que más recordamos? ¡Sin duda! Fueron las
palabras finales que dejo resonando en nuestros oídos. ¡De la misma forma,
el momento preciso en que se encomendó la Gran Comisión hace destacar
su importancia!

Juntamente con la Gran Comisión, el encargo de Pablo a Timoteo
fue: "Lo que has oído de mí ante muchos tes:gos, esto encarga a hombres
fieles que sean idóneos para enseñar también a otros" (2 Tim. 2:2).

EL REFLEJO:

El propósito principal de Dios para el matrimonio fue reproducir
hijos: "Fructificad y multiplicaos; llenad la tierra, y sojuzgadla" (Gen.
1:28). Este mandato fue dado no menos que cuatro veces en los primeros
nueve capítulos de la Biblia, una vez a Adan y a Eva y tres veces a Noe
después del diluvio (Genesis 8:17 y 9:1,7). También se da después en
la Biblia. Y en ninguno momento vemos que Dios tenía intenciones de
cambiar este mandato.

El matrimonio no es un fin en sí mismo. Es un reflejo de algo mucho
mayor… ¡algo eterno! La procreación del hombre es un reflejo de mandato
final de Cristo a su iglesia—de reproducir almas para su reino.

Aplicaciones para Parejas

La Lealtad: El Cumplimiento del Honor

Nada me causa más sentimiento al corazón en reflexión que la
lealtad de Raquel. Aun recuerdo estando sentado en la sala de Eli Yutzy
en el norte de Minnesota en el año 1984, en una cita con la mujer más
increíble que jamas había conocido; no estábamos ni comprometidos
para casarnos aún, pero le pregunte a Raquel, "¿Como te sentirías en
relación a ser esposa de un pastor algún día?" Había tenido un sentir
acerca de esté llamado desde que era pequeño y sentía que ella debía
saber acerca de esa posibilidad. ¡Pero estaba preocupado, porque no
quería perder a esa mujer! No puedo recordar sus palabras exactas, pero
nunca olvidaré el alivio que sentí cuando ella me aseguro que si Dios
alguna vez la llamara a tal responsabilidad, ella estaba segura de que la
gracia de Dios seria suficiente.

R =__Relaciones__: Cara a cara en el matrimonio; hombro a hombro con mis amigos.

A =__Autoridad___: El deseo de servir y de guiar es la esencia de autoridad y hombría.

Q =__Con**Q**uista___: Dios puso dentro de cada portador de Su imagen varón este cromosoma.

U =__Jerarq**U**ia____: Algo dentro de la genética del hombre anhela proveer y proteger por los que están bajo su cuidado.

E =__Estima_____: Muchas mujeres se relacionan con los hombres en menosprecio, pero esto es lo opuesto del menosprecio.

L =__Lealtad_____: Esto es poderoso para un hombre. Una mujer que honra cree más en su marido de lo que él cree en él mismo.

No fue hasta después de su muerte que descubriría que años atrás cuando los niños eran pequeños, Raquel había empezado una lista de "Diez Razones por la que Odio ser Esposa de un Pastor." Eran razones muy buenas... razones que pudiera enumerar toda esposa de un pastor. Nuestros compañeros de ministerio, Jared y Carmen, encontraron la lista cuando estaban buscando los archivos de Raquel en nuestra casa solo días después de su Muerte mientras nuestra familia estaba en Colorado para la boda de Asher y Teresa. Yo sabía que Raquel tenia algunas notas en el archivero para su propio funeral si alguna vez los fuéramos a necesitar. Eventualmente encontraron las notas, y juntamente con las notas, también encontraron esta lista de razones por las que Raquel odiaba ser la esposa de un pastor.

En la parte superior de la lista fue la consternación que ella sentía por la tensión de lealtades entre desear estar a mi lado en el ministerio y a la vez deseando estar en el hogar con sus hijos. También entre las primeras cosas en la lista fue el dolor intenso que ella sentía cuando su esposo estuviera bajo ataque por posiciones que él debía tomar en el trabajo del ministerio. ¡Su lealtad fue asombrosa para mí! En muchas ocasiones, ella creía en mí aún más de lo que yo creía en mi mismo.

Como un líder un nuestra iglesia y comunidad, en ocasiones experimente ser desafiado directamente y aun aveces oposición. Le dolía demasiado cuando yo estaba bajo fuego, y ella lamentaba mi dolor más de lo que yo mismo lo hacía. Pero ella fue inquebrantable en estos tiempos y su fe en mí nunca cambio. De seguido nos maravillábamos de cómo algunos pastores estaban tan preocupados de lo que otros pensaran de ellos, y sus esposas aveces aún más. Ellos cuidadosamente se ajustaban para no perder alguno de sus seguidores o invitaciones para hablar en iglesias, o para proteger alguna parte de su reputación. En realidad es irónico porque el tiempo ya ha comprobado la verdad aun sin que nosotros nos preocupáramos de ello—todo porque estuvimos dispuestos a dejar que los resultados se mostraron por ellos mismos. Pero Raquel SIEMPRE estuvo justamente allí conmigo aunque había mucho riesgo para ella también.

Pero aunque era, y aun es, de gran importancia para mí la lealtad, es a causa de su lealtad a JESÚS que Raquel esta deleitándose en Su presencia real ahora. Quisiera poder haber estado allí para ver cuando ella cayera en Sus brazos al salir de los mías. ¡La simple aceptación es todo lo que ella jamas necesitaba! Ella nunca trataba de hacer una impresión, pero siempre hacia una. Tímidamente hermosa, delicadeza discreta, y resistencia gentil son expresiones que escucho repetidas veces de los que intentan describirla. Y en mi mente siempre agrego: lealtad abnegada.

Como resultado de tal fidelidad a Jesús, Raquel esta en el lugar que esta ahora… altamente por encima de todos nosotros en el cielo con Jesús. Pero también es famosa aquí en la tierra en los corazones y recuerdos de todos quienes la conocieron. Si quieres ir a donde ella está, síguela a ella como ella siguió a Cristo y terminarás en donde ella está ahora.

R.A.Q.U.E.L. No solamente puso la R en relaciones al considerar la mía, la A en autoridad por medio de su actitud hacia otros, la Q en su apoyo por mis conquistas, la U en respeto a la jerarquía, la E en su estima por quien Dios me creó para ser, pero aún como Sara de tiempos antiguos honro a Abraham llamándole señor, ella me honró de la misma forma y acabó bien su vida al poner la L en lealtad—lealtad no solamente por su Señor, sino también para mí como su esposo.

La Novia Hermosa y Su Día de Bodas

La Historia de Raquel

¡Las novias de bodas son hermosas! ¡Yo siempre pensé que mi esposa Raquel fue la novia de bodas más hermosa que jamas había visto! El 20 de Octubre del 1984, nos casamos y vivimos la aventura más maravillosa por los siguientes veintiocho años y diecisiete días. Pero estos días solo fueron la practica. Como sabes, el 6 de Noviembre del 2012, Raquel se fue a su hogar celestial para estar con el Señor—su Esposo eterno—JESÚS. ¡Quisiera haber estado allí en el cielo para verla caer en Sus brazos este día mientras fue quitada de los míos!

Raquel fue una representación hermosa de como la Esposa de Cristo—la iglesia—debería honrar a su Esposo. Ahora, yo no fui el esposo perfecto y no la amé perfectamente cuando ella estuvo aquí, pero aun así, ella me honraba y me permitía tomar el liderazgo de su vida como mi esposa. ¡Cuanto más debiéramos nosotros como cristianos, quienes somos la Esposa de Cristo, honrarle a ÉL porque Él es un Esposo perfecto y nos ama incondicionalmente con amor sacrificatorio—El murió en la cruz por NUESTROS pecados. ¡Imagínate! ¿Ahora, no crees que Él merece que lo honremos en respuesta a ello?

Raquel dejó un legado de honrar no solamente a mí como su líder y amante terrenal, sino también a JESÚS el Amante eterno de su alma. La historia de Raquel nos muestra cómo enamorarnos otra vez como la Esposa de Cristo. ¿No te encantaría verdaderamente amar a la iglesia otra vez—la iglesia que honra a Cristo como Raquel me honraba a mi? Es por esto que ella es horada en la presencia Real de Él ahora. Y es por esto que cuento su historia. Lo único que ella nunca quiso ser en esta tierra fue ser mía. ¡Y lo único que ella siempre quiso es que fuéramos de ÉL! Como resultado de tal fidelidad, está en donde está ahora … altamente por encima de todos nosotros ahora en el cielo con Jesús. Pero también es famosa aquí en la tierra dentro de los corazones y los recuerdos de todos quienes la conocían. Si quieres ir a donde ella fue, síguela a ella como ella siguió a Cristo, y llegarás a donde ella está.

Un arcoíris haciendo un arco sobre encima del lugar del "accidente."

La tradición Judía ilustra el evento de llevar a casa a la novia de bodas mucho mejor que nuestras bodas occidentales. Había un periodo de aproximadamente doce meces de compromiso dentro de los cuales el comprometido debía de prepararse a sí mismo para el matrimonio y preparar un hogar para su prometida. Estaba acordado y se esperaba que la boda ocurriera, solo que no se definía cuándo pasaría. Este tiempo de desposorio tenía que cumplirse antes del matrimonio cuando se llevara a cabo formalmente el llevar a su comprometida a casa. En un momento esperado, pero no preestablecido, el esposo llegaría a la casa de la novia para llevarla a casa.[1]

Cuando Raquel aceptó a Cristo por primera vez, ella fue desposada con Él hasta que se cumpliera el tiempo de preparación. En un tiempo esperado, pero no preestablecido, su Esposo llego para llevársela. Ella sabía que podía ser en cualquier momento. Esta fue la

---

1   JewishEncyclopedia.com

forma en que ella vivió … lista y en espera. Sin duda, si se le hubiera dado a escoger, ella hubiera esperado un un poco de tiempo más, por lo menos hasta después de la boda de su hijo y tal vez hasta que todos sus hijos estuvieran casados; tal vez esperaría aún más. Pero aunque ella sabía que era seguro que Él vendría por ella, ella no sabia el momento exactamente cuando sería. ¡Fue de sorpresa, tanto para ella como para nosotros!

Aún me quedo asombrado aveces—el significado surrealista de un cambio tan rápido de circunstancias—el tiempo de desposorio atrás, la boda a punto de cumplirse. Pero a la vez, en realidad es como todos debemos vivir, los que esperamos el regreso inminente de Cristo nuestro Esposo. ¿Por qué estamos tan asombrados? ¿No es esto lo que creemos? ¿Y por qué continuar en lamento? ¿Pudiera haber algún cambio tan maravilloso como el de mudarnos de esta tierra a la gloria? Nuestro anhelada casamiento con

Cristo, la consumación de todo lo que creemos. Mientras que es difícil de comprender en nuestra humanidad, ¡esta acercándose con claridad para nuestra fe!

Y su felicidad, ¡O, su felicidad! ¿No se tratan de esto las bodas? Mientras que podemos ser celosos de lo que Raquel esta disfrutando, no podemos resentirla por su placer. Sobrepasando cualquier gozo anticipado de la boda ese sábado, fue la acogedora transcendencia que experimentó el martes. ¡De alabar a Cristo desde el estrado de Sus pies a estar tirando su corona a Sus pies! Intercambiando las vestimentas de boda por las vestiduras de la misma novia de bodas. De ser solamente la madre de un novio mortal a ser la novia en boda real del Rey de Reyes.

¡Qué día fue ese! Amigos y parientes quienes habían venido para una boda simultáneamente tomaron parte de otra. Lo llamaron un funeral, y lo fue. Fue una despedida, triste, y fue la conclusión … por ahora. Pero Dios siempre tiene la ultima palabra. ¡Lo que satanás había designado para mal, Dios lo usó para bien y para Su gloria! Satanás odia los matrimonios y las bodas, pero Dios multiplicó el impacto de ellos. Satanás quería desmoralizar nuestra familia con caos, pero Dios profundizó nuestra alabanza con nuevas dimensiones de Su gracia. Lo que hubiera sido un día de alabanza de bodas terrenal celebrando Su bondad en este mundo se convirtió en dos días de alabanza de boda celestial celebrando Su bondad en esta vida y Su gloria en la venidera.

El sitio del "accidente."

Para siempre estará fija en mi memoria la imagen del pequeño helicóptero anaranjado elevándose al cielo, llevando mi querida Raquel hacia el hospital en Colorado Springs. Le acababa de dar un beso en la mejilla y le había dicho "te veré pronto." Pero apenas habían despegado cuando, según el medico encargado del equipo de transporte, sus ojos se abrieron por una ultima vez, miro por unos momentos alrededor de la cabina del helicóptero de rescate, y los cerro otra vez. Y luego se paró su corazón… pero su espíritu siguió volando hacia arriba hasta la misma presencia de Jesus, dejando atrás su cuerpo para ser llevado al Centro Medico de San Francisco en Colorado Springs.

Yo encontraría su cuerpo allí en la sala de emergencia, aun acostada en la misma Camilla en donde la había besado antes de que cerraran la puerta del helicóptero de rescate. Pero ya no fue la misma. ¡No solamente había todo tipo de tubos y otras cosas conectadas a su cuerpo ahora, sino que su espíritu se había ido! Yo podía sentir la ausencia. Lo hermoso de su espíritu había dejado su cuerpo quebrantado. Lo que me parecía grotesco aquí en mis confinamientos terrenales—su cuerpo sin su espíritu—fue en este mismo momento en el cielo una cosa muy hermosa… su espíritu liberado. La verdadera Raquel ya no estaba aquí. ¡Sino que ella ya estabas libre para ser quién era en verdad! Como había escrito el rey Salomon, su "espíritu vuelve a Dios, quien lo dió" (NBLA)

Su Inspiración

La fecha fue el 6 de Abril del 2006.

Fue el sueño más sensacional que jamas había tenido. Raquel y yo éramos joven otra vez—joven como en nuestra luna de miel. Estaba en un lugar afuera en el campo que fue algo entre una área de resort con bosque y una granja. Yo estaba parado afuera de una grande y amplia cabaña.

De repente, aquí viene una mujer joven, flotando, vigorosa, y bailando hacia mí desde el cielo de medianoche. Se parecía a Raquel, pero era más como su espíritu desnudo. No de una forma sensual, sino de una forma abierta, libre, con nada para esconder e inocente—ese tipo de trasparencia. Estaba corriendo y danzando hacia mí en una forma que decía que ella quería que me fuera con ella. Como si estuviera atraída a mi, pero a la misma vez estaba jugando conmigo, moviéndose por el aire, justo fuera de mi alcance de un una forma coqueta y tentadora, haciéndome saber que estaba completamente obsesionada conmigo y quería que estuvieras completamente obsesionado con ella. Entonces, de la misma forma elegante con qué descendió del cielo, se fue flotando otra vez.

Entonces me desperté.

¿Pudiera haber sido algún tipo de premonición para mí acerca de su muerte … la danza de su espíritu entre Dios y yo, finalmente sucumbiendo completamente a Él?

La Esposa de Cristo

Segunda Cuestión Crítica para la Iglesia: <u>EL ENFOQUE</u>

En el capítulo anterior, consideramos al Orden como la primera cuestión critica para la iglesia. La segunda cuestión para la iglesia es el del Enfoque. Hebreos 12:2 dice que debemos poner "los ojos en Jesús, el autor y consúmador de la fe." Esto significa que debemos mantener nuestros ojos fijos en Jesús. Él siempre tiene que ser el enfoque de nuestra visión. Habrá muchas cosas que componen la parte periférica de nuestra visión también, pero Jesús tiene que ser siempre el centro de todo ello.

Pablo el Apóstol dice que se limita a saber cualquier otra cosa entre los creyentes de Corinto aparte de "Jesucristo y El crucificado." Ahora, como tal vez sabes, ese mismo apóstol continuo para escribir casi la mitad del Nuevo Testamento. Obviamente, él escribo acerca de muchas otras cosas aparte de Jesús. Escribió sobre el matrimonio y la familia, escribió sobre las finanzas y cómo manejarlas, escribió sobre el gobierno, y aún escribió sobre cómo deben de comportarse los negociantes. Entonces no fue que no pensara que hubiera otras cosas de importancia. Porque sí había. Pero aún así, dijo que cuando se trataba de eso, en realidad no le importaba otra cosa excepto "Jesucristo y El crucificado."

Los primeros creyentes Anabaptistas se sentían de la misma forma. Fueron personas que experimentaron casi tanta persecución por su fe como los creyentes del primer siglo en la Biblia. Los Anabaptistas se referían a la Palabra Exterior y la Palabra Interior. La Palabra Exterior hacía referencia a las paginas de la Escritura en blanco y negro—la Biblia. La Palabra Interior fue una referencia a Jesucristo quien la Biblia dice que es la Palabra de Dios. Juan 1:1 dice, "En el principio era la Palabra, y la Palabra era con Dios, y la Palabra era Dios" (RVR-2015). Continúa en el verso 14, "Y la Palabra se hizo carne y habitó entre nosotros, y contemplamos su gloria, como la gloria del unigénito del Padre lleno de gracia y de verdad" (RVR-2015). Esta es una referencia clara de Jesucristo. Los creyentes Anabaptistas sentían que el ÚNICO valor de la Palabra Exterior (la Biblia) fue en su habilidad de guiarlos a la Palabra Interior (Jesús).

La primera vez que leí esto en el libro de Peter Hoover *The Secret of the Strength* [El Secreto de la Fortaleza], pensé, "Espera un minuto. Yo creo que la Biblia tiene más valor que solo esto." Pero entre más lo pensé y oré sobre ello, lo mas que me convencí de que estos primeros

Anabaptistas estaban en lo correcto. ¿Qué pasaría si aprendiera todo acerca de como manejar mis finanzas, disciplinar correctamente a mis hijos, o amar a mi esposa, pero nunca llegar a conocer a Jesús y a Él crucificado? Yo iría directamente al infierno cuando muriera. ¿Entonces de qué me aprovecho todo lo demás? De hecho, si estoy confiando en mi conocimiento y obedezco a todo lo demás, pero nunca llego a conocer a Jesús en verdad, todas estas otras verdades importantes de las Escrituras solo confunden mi corazón y mente y me impiden que en realidad experimente la salvación por medio de Jesucristo.

Si pudiéramos dibujar una serie de círculos concéntricos empezando en el medio con un círculo titulado "Jesucristo y El crucificado" y entonces dibujáramos una cruz justamente sobre este circulo y de allí haríamos más y más círculos alejándose del medio, nos daría algo que se parece a un blanco. El primer circulo después de la cruz sobre el circulo del centro llamaríamos "Verdades Céntricas." Esto incluiría verdades tales como la divinidad de Cristo, el Nacimiento virginal, la Trinidad, la Inspiración de las Escrituras, etc. Al siguiente circulo, lo llamaríamos "Interpretaciones." Esto involucra entender lo que significa la Escritura. Es una cosa para leer lo que la Biblia dice, pero es otra para verdaderamente entender lo que significa. Ciertamente, buena interpretación de varios pasajes de la Escritura es de importancia critica, pero no son tan importantes como la verdad sencilla de conocer a "Jesucristo y El crucificado." De allí, pudiéramos dibujar aún otro círculo y ponerle el titulo de, "Deducciones." Esto tendría que ver con la forma en qué aplicamos las Escrituras a nuestra vida cotidiana. Y repito, es importante hacer la aplicación práctica de las Escrituras, pero es algo retirado del punto céntrico de mayor importancia que es el conocer a "Jesucristo y a Él crucificado."

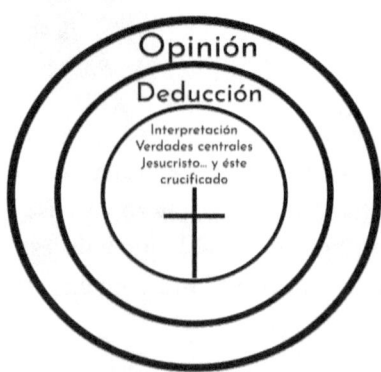

Aún más allá de este círculo pudiéramos hacer otro que se llame, "Opiniones." Al llegar hasta aquí, es algo obvio a donde vamos con esta ilustración. Por supuesto, si vas a tener una opinión sobre algo, debe ser una buena opinión. Pero honestamente, yo no creo que a Dios en realidad le importa mis opiniones en relación a un tema en específico. ¡Lo que en verdad es de importancia son Sus opiniones! Realmente tenemos que estar en guardia para no llegar a preocuparnos demasiado acerca de los opiniones de otros. Pero aún así muchos sistemas de iglesias se enredan en hacer sobresalir todas sus opiniones en particular acerca de esto o aquello o la otra cosa, y en la confusión de todo esto, se llega a perder completamente, otra vez, lo mas imperativo que es conocer a "Jesucristo y a Él crucificado."

Entonces la pregunta que la iglesia, la Esposa de Cristo, tiene que hacerse a si misma continuamente es esta: ¿Cuál es mi enfoque? ¿Estoy realmente enfocado en Jesús, o estoy enfocado en alguna otra cosa de menor importancia, algo más alejado del punto céntrico? Porque el momento en que pongo mi enfoque en algo más aparte de "Jesucristo y a Él crucificado," he relegado a Jesús a una parte periférica de mi visón y he hecho otra cosa mi enfoque. Nunca te puedes enfocar en una cosa de menor importancia, sin quitar el enfoque en lo que es de mayor importancia. No puedes hacer otra cosa aparte de Jesús tu enfoque sin quitar el enfoque principal que es Él. Ciertamente las partes periféricas de nuestra visión son necesarias para una visión saludable. Sin ello, tendríamos visión de túnel y estaríamos constantemente chocando con cosas porque no tuvimos una perspectiva suficientemente amplia. Pero sin un enfoque correcto, todo se vuelve borroso, confuso, y fácilmente nos distraemos. Lo que vemos en lo periférico siempre procede del centro, y, a la vez, lo periférico siempre contribuye al enfoque de principal.

Cuando Jesús se paro frente a Pilato, Pilato le pregunto, "¿Qué es la verdad?" Esto probablemente le parecía a Pilato como una pregunta de gran importancia—es por esto que la hizo. Pero en realidad no entendía el punto principal. Él hizo la pregunta equivocada. Nunca tendremos las respuestas correctas, si las preguntas están equivocadas. Si Pilato hubiera preguntado, "¿*Quién* es la verdad?" Hubiera descubierto la respuesta parado justamente frente a Él—Jesús, la suma de toda la verdad. Efesios 4:21 dice, " ...la verdad esta en Jesús" (RVR-2015). También 1 Corintios 3:11 dice, "Porque nadie puede poner otro fundamento que el que está puesto, el cual es Jesucristo." La inversión de esta referencia de Escritura esta en 2 Corintios 11:3, donde Pablo dice que teme de que, de la mima forma que Eva fue engañada por satanás, de la mima forma las mentes de los creyentes de Corinto fueran "extraviadas de la sincera fidelidad a Cristo."

La mayoría de los cristianos quisieran creer que son cuidadosos en guardar la Palabra. Pero si en realidad queremos ser conservadores en la forma en que honramos y cumplimos la Palabra de Dios, tenemos que hacer justamente eso. Tenemos que apegarnos a las Escrituras y no hacer concesiones para alejarnos de ella ni a la derecha ni a la izquierda. Los términos "liberal" y "conservador" son un poco nebulosos, porque están sujetos a las experiencias personales de cada uno. Posiblemente una mejor definición para "conservador" sería: mantenerse pegado a las Escrituras. A la luz de esto, yo creo que en realidad hay dos tipos de personas liberales. En un lado hay liberales derechistas y por el otro hay liberales izquierdistas. Un liberal izquierdista es uno que toma una perspectiva algo descuidada de la Escritura y lo relega como algo antiguo y por lo tanto completamente irrelevante para el día de hoy. Por otro lado, un liberal derechista es uno que esta alejado del camino, en donde están tan ocupados intentando ajustar su aplicaciones de la Escritura, que uno apenas puede reconocer exactamente lo que verdaderamente es la Escritura y que es lo que quieren exigir. En lugar de tomar una de estas posturas, seamos conservadores verdaderos y procuremos Simplemente apegarnos a lo que la Escritura dice en verdad.

T. Austin Sparks en su libro, *The School of Christ* [La Escuela de Cristo], dice esto: "Los problemas en la experiencia Cristiana siempre son corregidos por una nueva revelación de Jesucristo." Mi actitud debe ser de que todo lo que creo conocer acerca de Dios y Su Palabra este disponible para que Él lo cambie. ¡No para que lo cambie cualquiera, pero siempre dispuesto con Él! ¡Él puede cambiar mi mente en cualquier momento que Él quiera! No de que no debería ser firme y estable en lo que creo, pero es necesario que lleve una actitud humilde y flexible acerca de mi capacidad limitada para entender del todo a Dios, Su Palabra, y Sus caminos. Lo que yo entiendo no esta disponible para que los hombres lo cambien aunque debo permitir que las observaciones de otros hombres dedicados me puedan influir, pero tiene que ser Dios quien cambie mi mente y mi vida. Personalmente creo que no debemos tener nada para esconder, nada para comprobar, nada para perder. Todo se trata de Dios, no de mí.

Reflejos en el Matrimonio

7. La Recompensa de la Fidelidad (El Esposo)

LA SUSTANCIA ORIGINAL:

Cristo viene por Su Esposa, la Iglesia. ¿Lo Crees? No es tal vez. ¡Él SÍ viene!

"Y yo Juan vi la santa ciudad, la nueva Jerusalén, descender del cielo, de Dios, dispuesta como una esposa ataviada para su marido. Y oí una gran voz del cielo que decía: He aquí el tabernáculo de Dios con los hombres, y él morará con ellos; y ellos serán su pueblo, y Dios mismo estará con ellos como su Dios" (Apo. 21: 2,3).

EL REFLEJO:

La seguridad de que Cristo volverá es tipificado por la fidelidad absoluto del esposo. ¿Por qué vive nuestra cultura decididamente ignorando el regreso inminente de Cristo? ¡Porque los esposos en nuestra cultura no han sido fieles!

"...estas palabras son fieles y verdaderas. El que venciere heredará todas las cosas, y yo seré su Dios, y él será mi hijo" (Apo. 21:5b,7).

Aplicaciones Para Parejas

Siete Cosas que los Maridos Deben Dejar de Hacer[2]

1. Deja de deshonrar a tu esposa al criticarla enfrente de tus hijos o en público. Los matrimonios que se critican uno al otro constantemente, aún de buen humor, son matrimonios menos honorables. Tus hijos tienen que verte ejemplificando como apoyarse el uno al otro y ser complementario, no critico de tu esposa. Y si estas enserio de ser un creyente en Jesucristo, ciertamente sabes que esta no es la forma en que Cristo aprecia a Su Esposa, la

2 Inspirado por y amplificado de el blog de Mark Merrill: www. markmerrill.com iglesia. Ni tampoco darás buena impresión a los incrédulos DEL que profesas estar adorando.

¡Por favor deja de hacerlo!

2. Deja de comparar a tu esposa con otras mujeres. Es degradante y muestra poco valor por ella. Tu esposa es creada con importancia y valor sin medida. Apréciala exactamente por quién es, no por lo que sí o no hace. Recuerda, si no estuvieras casada con ella, estarías casado con alguien igual a ella porque al igual que el agua encuentra su propio nivel, así las personas del mismo nivel de madurez emocional son atraídas el uno al otro. Aparte, la regla de oro aplica al matrimonio; haz con tu esposa como quisieras que ella hiciera contigo. Sería mejor que dejaras de darle permiso a ella de compararte a ti con otros hombres.

3. Deja de intentar de arreglar los problemas de tu esposa. Allí está, acabo de ahorrarte mucho trabajo. Ella necesita que tú la escuches… que dejes que siga y siga por un rato, describiendo exactamente cómo se siente. Si ella necesitara que se arreglara el problema, ella se hubiera casado con un plomero o un patólogo. Ya sé, esta en nuestra naturaleza como hombres el querer arreglar las cosas. Entonces antes cuando Raquel me contaba de algún problema, en lugar de inmediatamente sentarme en mi sillón de consejero, aprendí a acercarme a ella, mirarla directamente a los ojos, y escuchar. Inténtalo, traerá alivio a la mayoría de tus dolores de cabeza también.

4. Deja de intentar de controlar a tu esposa. En caso de que a tu pastor se le haya olvido decirte esto antes de la boda, a las esposas no les gusta ser controladas. En lugar de eso, ellas quieren ser guiadas. Pero el seguir a un buen líder es algo de adentro hacia afuera. Si la persona que eres no le da inspiración hacia ti, entonces intentando de hacer que ella sea exactamente como tú, te garantiza años de infelicidad para ambos de ustedes. Como esposos, tenemos que soltarnos de las riendas y permitir que nuestras esposas sean las amantes, madres, y mujeres maravillosas que Dios creo que fueran. Deja de intentar de controlarlas.

5. Deja de ser pasivo cuando se trata de disciplinar o entrenar a tus hijos. El llegar a ser padres fue un trabajo en equipo; tu esposa no quedo embarazada por sí sola. Y el ser padres continua siendo un trabajo de equipo a travez de toda la vida de sus hijos. No es solamente el trabajo de Mamá, especialmente cuando se trata de disciplinar a los hijos. La Biblia dice, "Instruye al niño en el camino que debe andar, Y aun cuando sea viejo no se apartará de el." (Prov. 22:6 NBLA). La palabra en Hebreo para "Instruye" es "chanohk," que es la misma palabra del que proviene Enoc. Enoc caminaba con Dios. Camina con tus hijos en el camino en que deben andar, y cuando sean viejos no se apartaran de el. ¡Deja de holgazanear y haz tu trabajo!

6. No pases tiempo a solas con ninguna otra mujer que no sea tu esposa ni tu pariente. Cuando estuve casado, antes de que Raquel fuera tomada para estar con el Señor, yo tenía un compromiso personal de no estar a solas con ninguna otra mujer. Pero si la situación lo requería, siempre le decía a Raquel con quien tenia qué estar, que es lo que íbamos a estar haciendo, en dónde estuviéramos, y por cuánto tiempo. El no hacer esto pudo haber solamente invitado tentación innecesaria a mi vida. Entonces si no estás honrando a tu esposa en esta forma, la estás deshonrando. ¡Deja de hacerlo!

7. Deja de alimentar tus deseos sexuales de cualquier otra fuente que no sea de tu esposa. No importa si es coqueteando con otras mujeres—y agrego, es algo muy tonto de hacer—o involucrándote con la pornografía, evita cualquier cosa que pudiera tomar tu mente, corazón, o cuerpo de tu esposa. Trata tu relación sexual como algo que debe ser protegida, no solamente disfrutado. Recuerda, las endorfinas de satisfacción sexual se asemejan a los opiáceos y son adictivos, entonces haz que tu esposa no sea algún tipo de sustituto patético de ella tu "adicción."

Capítulo 17

Su Vida Extendida

La Historia de Raquel

Cuando una mujer toma el riesgo de casarse con un hombre, ella extiende su vida por medio de él.

"¿Un riesgo?" Pudieras preguntar.

Sí. De una perspectiva humana, es un riesgo. Aparte de la dependencia creada por Dios sobre él, una mujer pudiera preferir salvar su vida que arriesgarla por un hombre. Él es un ser humano, sujeto a debilidad y fracaso. A pesar de su mejor preparación e intenciones, todavía pudiera llegar a decepcionarla. Ninguno de nosotros somos inmunes a nuestra propia humanidad. En realidad, es un riesgo mutuo tanto para hombres como para mujeres que

requieren una dependencia mutua. Jesús dijo que si intentamos salvar nuestras vidas, las

perderemos, pero si estamos dispuestos a perder nuestras vidas por causa de Él y del Evangelio, las salvaremos. Entonces cualquiera que toma en serio a Jesús, estará dispuesto a arriesgarlo todo por Él. Y esto incluye el llamado al matrimonio.

Un corazón en la arena en honor a Raquel y mi promesa a ella de una caminata en la playa en nuestro 28vo aniversario. Lo haríamos después de la boda de Asher y Teresa, pero ella fue muerta cuatro días antes de su boda.

Si somos creyentes, debería darse por sentado que nos casaremos "en el Señor," Si no lo hacemos, entonces ya no hay garantía alguna— Dios no esta bajo ningún compromiso de salvar nuestra vida si la perdemos por algo aparte de Él y del Evangelio. Pero si estamos siguiendo a Cristo y buscando primeramente Su Reino, entonces Él ha prometido que salvaremos nuestra vida al perderla por Él. Fin de la historia.

Esto es en donde estaba Raquel en su relación con Él. Ella había rendido su vida a Jesús como una joven adolescente. Y más que esto, ella había rendido su deseo natural del matrimonio a Él también. Pero después, en cambio, eventualmente ella tuvo que rendir los gozos y libertades de la solteridad a Él. ¡Y fue un riesgo! Ella había sido testigo de otros quienes estaban cerca ella que estaban batallando en sus matrimonios. Después de tres meses de cortejo, ella le escribió a sus padres, "Ernesto dice que él cree que nuestra relación tiene futuro. ¿Puede una relación que progresa tan rápidamente, perdurar?" Con el apoyo de sus padres y su propia decisión de buscar a Dios con todo su corazón, ella decidió tomar el riesgo. Y a causa de escoger el riesgo antes del refugio, su vida se reprodujo en la vida de otros.

Como resultado de haber extendido su vida para incluirme a mí, nuestras vidas han estado extendidas a travez de la vida de nuestros cinco hijos, dos nueras, y ahora tres nietecitos. Y más que esto, la influencia de su vida ha sido extendida aún para incluir a los amigos y asociados de nuestros hijos. Nada de esto pudo haber pasado a travez de Raquel salvando su vida e intentando protegerla de estar expuesta al riesgo.

La fotografía familiar en la boda de Marcel y Krista.

Su Inspiración

Acabo de regresar del Fin de Semana de Enriquecimiento para Ministros del 2015 en Harrisonburg, Virginia. La conferencia se lleva a cabo cada año por la Alianza Bíblica Menonita y es organizada por varias congregaciones a lo largo del país. Uno de los eventos del fin de semana fue la reunión de té para mujeres, que se llevo a cabo simultáneamente con la sesión regular de negocio.

"¿No son bienvenidas las mujeres en la reunión de negocios?" Preguntaras.

Por su puesto que sí lo son. Pero por alguna razón, las mujeres parecen preferir reunirse para tomar té. Quisiera poder haber estado allí yo mismo ese año para escuchar algunos de los testimonios que se compartieron durante el micrófono abierto. La primera pregunta para la mujeres fue: "¿Cuales mujeres en tu vida ha usado Dios para hablar Su Palabra a tu vida?"

Durante el fin de semana, varias mujeres se acercaron a mi y me dijeron, "Creo que te gustaría escuchar lo que Ana Sanchez dijo acerca de Raquel." Ana es la esposa de José Sanchez, y ella y su esposo nos reciben en su casa por los servicios en los hogares aquí en el noreste de Los Angeles. Mis colaboradores y yo estamos de acuerdo de que la mano de Dios esta sobre esta pareja, preparándolos para en el futuro ser lideres de esta hermandad. Nuestra visión aquí en La L.A. ROAD (Oportunidades y Discipulado para la Vida Real en Los Angeles) es para sembrar una red de hermandades en hogares a travez de toda la región de Los Angeles, el Area y Suburbios a los Alrededores (GLASS por sus siglas en ingles). Hace unos pocos meses, Dios empezó a poner en mi corazón un sentir de vacío que ha existido aquí desde la muerte de Raquel desde hace más de dos años. Al pasar el tiempo, esto ha llegado a ser más y más obvio, y eventualmente se me ocurrió que posiblemente deberíamos identificar una de las hermanas de nuestra hermandad y pedirles que oficialmente tomen este rol. De otra forma, las cosas tienden a seguir por defecto, y las circunstancias llevan a un efecto del mínimo-común-denominador. Tal dinámica inadvertida siempre resulta en la incrementación del esfuerzo humano en lugar del milagro del ministerio genuinamente guiado por el Espíritu. Mientras que oré sobre esta dilema, se me ocurrió que Ana debería ser las indicada para tomar esta posición. Y justamente cuando esta convicción me entro al corazón, fue como si Dios me dijera, "¿Por qué llamarías solamente a Ana para tomar el lugar de Raquel? ¿Porque no llamas también a José a tu puesto y tome tu lugar?"

"¡Es Obvio!" Pensé. "¿Porque no pensé en eso?" Especialmente al ver que nuestro equipo completo tiene la visión de que esto pase algún día de todas formas. Por lo tanto, pregunte a José y Ana para acompañarme al Fin de Semana de Enriquecimiento para Ministros, y Ana termino asistiendo a la reunión de té de las mujeres en donde se hizo la pregunta, "¿Cuales otras mujeres ha usado Dios para hablar Su Palabra a tu vida?" Ana se puso de pie rápidamente y se apresuro a ir al micrófono.

"La vida de Raquel fue lo que me hablo de la Palabra de Dios," dijo Ana con lagrimas corriendo por sus mejillas. "Raquel nunca dijo mucho realmente," siguió. "En lugar de ello, ella solamente lo vivía. Y desde la primera vez en que la vi pensé, '¡Yo quiero ser cómo esa mujer!"

Del punto de vista de haber sido el esposo de Raquel por mas de veintiocho años, es claro para mí que el manto de Raquel en esta hermandad ha caído sobre Ana. Entre los sentimientos de las otras mujeres que hablaron conmigo de su testimonio después de la reunión de té fueron estos:

"¡Fue un honor conocer a Ana! Es una mujer hermosa por dentro y por fuera. ¡Qué el Buen Señor la bendiga y la cuide a ella y a su bella familia!"

"Observado a Ana y escuchándola, yo pensé que algún día alguien pudiera tener este mismo testimonio de ella como la que ella tuvo de tú Raquel … ¡Ana radiaba a Jesus y la paz!"

"Su testimonio fue tan hermoso y lleno de corazón … Cuando ella vió a Raquel, ella vió a Cristo … ¡¡es tan asombroso y precioso!!"

Reflejos en el Matrimonio

6. El Patrón de la Propagación *(La Esposa)*

LA SUSTANCIA ORIGINAL:

La iglesia estará por siempre unida a Cristo. "Y el Espíritu y la Esposa dicen: Ven. Y el que oye, diga: Ven. Y el que tiene sed, venga … Amén; sí, ven, Señor Jesús." (Apo. 22: 17a, 20b).

EL REFLEJO:

La fidelidad absoluta de la esposa. "Bienaventurados los que lavan sus ropas, para tener derecho al árbol de la vida, y para entrar por las puertas en la ciudad. y verán su rostro, y su nombre estará en sus frentes. No habrá allí más noche; y no tienen necesidad de luz de lámpara, ni de luz del sol, porque Dios el Señor los iluminará; y reinarán por los siglos de los siglos. Yo Juan soy el que oyó y vio estas cosas. Y después que las hube oído y visto, me postré para adorar a los pies del ángel que me mostraba estas cosas. Pero él me dijo: Mira, no lo hagas; porque yo soy consiervo tuyo, de tus hermanos los profetas, y de los que guardan las palabras de este libro. ADORA A DIOS" (Apo. 22:14, 4-5, 8-9).

Conclusión:

A Raquel siempre le encantaba cuando yo predicaba este mensaje de "Reflejos en el Marimono," en parte por la ilustración que usaba al concluir. Un verano cuando nuestra familia vivía en International Falls, los oficiales de la ciudad trajeron a un paracaidista como parte de un evento especial celebrando la finalización de la construcción de la maquina de papel más grande del mundo (en este tiempo). Centenares de personas locales se reunieron en el Parque de Smokey Bear en en centro de la ciudad para ver al paracaidista caer en un círculo marcado con cinta de unos de 50 pies (15 metros) de diámetro. Todos estaban viendo hacia arriba a las nubes para ver quién sería el primero en ver al paracaidista después de haber saltado del avión. De repente alguien lo vio y allí estaba, gradualmente descendiendo de las nubes, bajando, bajando, y bajando hasta caer justamente al círculo encintado. Aterrizo casi sin tropiezo alguno.

Mientras que todos estaban viendo hacia arriba, mirando, tome un momento para ver alrededor de mí en este sitio, ¡y fue muy bello! Las cabezas de todos estaban levantados en expectación, y me hizo pensar en las palabras de Jesús a Sus discípulos cuando dijo, "...levantad vuestra cabeza, porque vuestra redención está cerca." Lo consideré en el momento, y todavía me pregunto, "¿Que es lo que tuviera que pasar para que nuestra ciudad completa hiciera justamente eso—levantar nuestras cabezas, no por la anticipación de algún paracaidista, ¡sino en anticipación al regreso de Cristo!

La Esposa de Cristo

Tercera Cuestión Crítica para la Iglesia: <u>EL BALANCE</u>

En capitulos quince y dieciséis, hablamos sobre las primeras dos cuestiones críticas para la iglesia: el orden y el enfoque. La tercera cuestión critica para la Esposa de Cristo tiene que ver con el balance. La verdad Cristiana tiene una naturaleza dialéctica—por cierto, aveces llega a parecer casi paradójica. Nuestra Biblia es básicamente un libro hebreo. Aunque el Nuevo Testamento fue escrito en Griego, los escritores eran hombres hebreos. La mente hebrea siempre expresaba la verdad en términos de opuestos al decir al mismo tiempo dos cosas aparentemente contrarias. La verdad final se encontraba al tomar estas dos verdades opuestas y tenerlos en balanza—no al rechazar uno para aceptar el otro, sino aceptando los dos juntamente. Al hacer esto, cada verdad no quitaba la otra verdad, sino que cada una contribuía algo de valor y significado a la otra.

Estp es verdad en muchas instancias: (Estas no son opuestas, pero muchas veces aparentan serlo.)

la Separación y la Sal

el Discipulado y el Evangelismo

la Ley y la Gracia

la Soberanía de Dios y el Libre Albedrío del hombre

el Premilenialismo y el Amilenialismo

La verdad en equilibrio

Dios es Soberano	El hombre es el responsable
Gálatas	James
Los creyentes = bajo la gracia	No creyentes = bajo la ley
la Fe	Obras
El premilenialismo	Aumilenialismo
El amor	La verdad
La separación del mundo	La sal de la tierra
Evangelización	El discipulado
Sobrellevad mutuamente las cargas	Cada uno lleva su carga
Alas/Separados	Raíces/Pertenencia
Padres aprobadores	Padres autoritativos
Flexibilidad	Estabilidad
El individuo creyente	El cuerpo de la Iglesia
Bajo la autoridad de Dios	Bajo la autoridad dada por Dios
Riesgos financieros	Responsabilidad Financiera
Los maridos aman/respetan a sus esposas	Las esposas respetan/quieren a sus maridos

Nuestro problema como estudiantes de la Biblia hoy en día es que no tenemos un forma hebrea de pensar. Nuestra especialidad es la lógica: sí [(a=b) y (b=c) entonces (a=c)]. Si esto es cierto, y aquello es cierto, entonces esto y aquello es también cierto. Nos enfatizamos en una verdad a la vez. Intentamos hacer armonía de algo *aparentemente* una contradicción al enfocar en un lado o en el otro.

En demasiadas ocasiones observamos la Biblia de la misma forma. Seleccionamos y Escogemos la cosa que parece ser más *lógica* y enfatizamos esto. Pero nunca podremos entender la verdadera verdad Bíblica hasta que estemos dispuestos adoptar una mentalidad y modo hebreo de pensar—tomando toda la verdad en balanza. ¡Esto es un concepto fundamental! Es absolutamente imperativo que lo entendamos. El error siempre ha logrado entrar en la iglesia cuando rehusamos a mantener la verdad paradójica en balanza. Todos las herejías más tempranas en la iglesia procedieron de individuos que se rehusaron a tomar dos verdades aparentemente en oposición la una a la otra y tenerlas en balanza. Es que la raíz del significado de nuestra palabra "herejía" no significa "no verdadero" sino "media verdad." Pero esta "verdad" se toma de una forma aislada—separada de la verdad contraria—esto produce error. Romanos 1:18 y 25 hablan de los que "detienen con injusticia (desigualdad) la verdad" y "cambiaron la verdad de Dios por la mentira." 2 Timoteo 2:15 dice " …que usa bien la palabra de verdad," que significa hacer un corte recto, o diseccionar correctamente.

¿Qué es lo que pasa cuando tenemos un verdad "favorita"? Aquí hay algunas preguntas que puedes contestar individualmente o en grupo:

1. ¿Puedes pensar en alguna verdad fuera del balance en tu alrededor?

2. ¿Cuál es tu verdad favorita? ¿Cuál sería la verdad contraparte de ello?

3. ¿Qué significa la palabra "herejía"?

4. ¿Podemos siempre usar la lógica para encontrar verdades Bíblicas?

5. Enumere algunas cosas de menor importancia que tendemos a tratar como algo mayor.

6. Ahora enumere algunas cosas de mayor importancia que tendemos a minimizar.

7. Formule una aplicación principal para compartir con el grupo.

Aplicaciones para Parejas

Siete Cosas que las Esposas Deben Dejar de Hacer[1]

[1]Inspirado por y amplificado de el blog de Mark Merrill: www.markmerrill.com

1. Deja de poner a otros antes que a tu esposo. Vivir existosamente es un asunto de orden, de poner cosas de mayor importancia primero. Dios tiene que ser el numero uno por supuesto, pero como has decidido casarte, tu esposo tiene que estr en segundo lugar. Si no pones a tu esposo como alta prioridad, tu matrimonio sufrirá. ¿En verdad quieres ser parte de un matrimonio que sufre? ¡¿Qué tan impresionante seria eso?! Esposas, denle a su esposo lo más fresco y mejor de ti, de tu tiempo, de tu atención ... de todo. Deja de darle las sobras.

2. Deja de esperar que tu esposo sea tu amiga. Si él fuera solamente otra de tus amigas, sería innecesario y probablemente no deberías estar casada siquiera. Él piensa de una forma distinta a tus amigas. Él se comunica de una forma distinta. Él procesa las cosas de una forma distinta en case toda área. Entonces no lo trates como a una amiga ni estes exasperada si él no to responde como lo hacen tus amiga. El es tu complemento no tu cumplido. No es que nunca te dará cumplidos, pero no será de la misma forma que lo harían tus amigas. Esto es sencillamente quien es él. Deja de tratarle como una de ellas.

3. Deja de deshonrar a tu esposo. No reconocerás rápidamente como deshonras a tu esposo, porque no eres un hombre. Pero por favor permíteme despertarte en esa área en que eres naturalmente ciega y en que él posiblemente no sabe cómo hablarte de él mismo. Si tú hablas de él en una forma negativa a otros, o si hablas con él como si fuera un niño, o aún peor, como un idiota, el no va a tener sentimientos cálidos de afección por ti. Ten cuidado en cuestionar su juicio y habilidades. Y no intentes ser ru conciencia. Los hombres tienen una tendencia integrada de resentir a sus consciencias. Deja de darle una excusa para resentirte.

4. Deja de usar el sexo para negociar con tu esposo. Toma en serio tu relación sexual. No es un juego. Ni es un mecanismo para torcerle el brazo. Nunca se deberá usar para obtener lo que quieres. Es una parte muy importante de tu relación. Una doctora judía, Dr. Laura acostumbraba a preguntarle directamente a su audiencia en la radio, "¡¿Porque alguna vez le negarías algo que toma tan poco tiempo pero le hace tan feliz?!" El sexo se da por sentado en el matrimonio. Sencillamente disfrútalo y deja de intentar de hacer que él se lo gane.

5. Deja de dar a tu esposo tu lista de quehaceres de largo plazo. Si él tiene la impresión que la lista no tiene fin, puede llegar a sentirse vencido y desanimado en relación a ayudarte con las cosas que tienen que hacerse ahorita. Manteniendo la lista de "cosas-que-quiero-que-haga-mi-cariño" a corto plazo significa mantenerlo posible y les dará oportunidades frecuentes para celebrar juntos los proyectos que tierminen. Si no, puede comunicarse que nunca estas contenta con cualquier cosa que ha hecho ni qué hará. A los hombres buenos en verdad les gusta hacer felices a sus mujeres. Deja de hacérselo difícil.

6. Deja de hacer que tu esposo gane tu respeto. De la misma forma que un esposo debe amar incondicionalmente a su esposa, una esposa debe respetar incondicionalmente a se esposo. Por supuesto esto no significa que tiene que gustarte todo lo que él haga ni estar de acuerdo con él en todo. Y obviamente no significa que no debas hablar sobre comportamiento o acciones inapropiadas con él. Pero si significa que no importando lo que haga o diga, debes tratarlo con dignidad y honor simplemente porque es tu esposo.

7. Deja de esperar que tu esposo sea tu príncipe azul. Si sigues esperado que tu esposo cumpla cada expectativa u sueño que jamas has tenido, estarás destinada a ser decepcionada y él se va a sentir completamente incapaz. De la misma forma que te sentirías tu. En lugar de ello, enfócate en las cosas que sí aprecias de él. O si insistes en declarar que es also que no es, como resultado de necesitar que el sea mejor que la competencia en tu mente, tu matrimonio tendrá muy poca profundidad. Aviso Importante— ningún esposo va a ser el príncipe azul perfecto de tus sueños.

Conclusión

"El fin de todo el discurso oído es este: Teme a Dios, y guarda sus mandamientos; porque esto es el todo del hombre. Porque Dios traerá toda obra a juicio, juntamente con toda cosa encubierta, sea buena o sea mala" (Eclesiastés 12:13-14).

Hubo una conclusión a la vida de Raquel aquí en la tierra. Aún sufro dolor por causa de ello. Ella y yo siempre retrocedíamos al hablar de la posibilidad de la muerte de cualquiera de nosotros. Pero fue bueno que lo hayamos hecho; nos fue de ayuda al fin. Ella apenas tuvo una hora desde el tiempo del accidente hasta que se había ido. Yo tuve solamente treinta minutos con ella después de que llegué al la escena del accidente. Ella me dijo tres palabras mientras que yo oraba por ella: "Por favor ayúdame." E hice lo que pude, pero su tiempo había terminado. Su vida estaba por concluir.

También fue la conclusión de nuestro matrimonio. No tuvimos más tiempo para crecer juntos. No tuvimos más oportunidad para aprender el uno del otro ni para amar el uno al otro. No tuvimos más platicas tiernas o conversaciones acerca de nuestros hijos y los peregrinajes en que estaban. No pudimos más dar masajes de espalda ni hacerle cosquillas en sus oídos ni cariñosamente tocar la punta de su nariz. No tuvimos más oportunidad para demostrar con nuestra vida juntos por lo menos un poco de lo tanto que Jesús ama a Su Esposa y como ella se relaciona con Él. Tal ejemplificación había terminado. Había llegado la conclusión.

De la misma forma, la conclusión llegará algún día para esta Esposa espiritual, la iglesia. Su tiempo es limitado. Ella no tiene un para siempre para cumplir su llamado aquí en la tierra para vivir en demostración del amor que su Esposo tiene por ella. Ella solo tiene un breve intervalo de tiempo. Su conclusión es eminente como una Esposa terrenal. Mientras tanto, ella también gime en clamor desesperado: "¡Por favor ayúdame, Jesús!" Y Jesús sí lo hace, ¡porque Él puede! Él no tiene limitaciones ni conclusión, porque Él es el mismo "ayer, hoy, y por los siglos." ¡Él es eterno! Como nuestras almas están ligadas a Él, ellos también saltaran para la eternidad, para estar para siempre con el Señor, de la misma forma que lo esta Raquel ahora.

Esto nos da esperanza y propósito a ambos en la vida y en la muerte. ¡La vida de Raquel no fue en vano! Esta ricamente colmado de propósito y significado. Ella sigue viviendo en cada uno de nosotros que la conocimos bien, y aún en los que no, porque ella vivió la vida no para ella misma sino para el Señor y para otros. Es por esto que llevo adelante su historia. Su vida vale la pena repetir. Y sus hijos están viviendo sus propias ejecuciones de su vida en sus propias versiones.

Esto también es como el mensaje de la iglesia seguirá adelante. Ella no se alaba en obsesión de ella misma y sus vestiduras hermosas. ¡Su

Esposo es toda su gloria! Ni tampoco desperdicia Su afecto por un corazón que no está ligada al Suyo, ni por una vida que no se vive para Sus propósitos. Su hermosura radiante es el reflejo de mirar la cara de Él.

Raquel.

Nuestro matrimonio.

La iglesia de Jesucristo.

Todos llegan a una conclusión aquí en la tierra.

¡Pero Jesucristo vive para siempre como supremo!

Nuestro casamiento con Él—¡Sí! ¡¡Esto es nuestra mejor conclusión!!

Acera del Autor

Ernesto Witmer es un ministro ordenado de la iglesia menonita. Por más de veinticinco años ha pastoreado iglesias en el norte de Minnesota y el sur de California donde ahora vive con su familia en la comunidad de Highland Park en Los Angeles. Él perdió a su esposa Raquel—su esposa de 28 años y 17 días—en un trágico accidente en el fin de semana de la boda de su segundo hijo en Noviembre del 2012. Ernesto y Raquel tienen cinco hijos adultos: Carita, Marcel (esposa Krista e hijo Judah), Asher (esposa Teresa e hijos Kenas y Adrion), Kristi, y Christopher. Sus hijos y tres nietecitos con su deleite constante.

Enseñado de las Escrituras acerca del matrimonio y la familia es uno de las cosas favoritas de Ernesto. Él enseña en escuelas Bíblicas, al igual que en iglesias y campamentos para jóvenes, y hace trabajo itinerario en iglesias a través de los Estados Unidos y en algunos otros países. Ernesto contribuye ávidamente a Facebook y ha escrito publicaciones de escuela dominical y material para escuelas cristianas.

Ernesto actualmente sirve como el presidente del ministerio L.A. ROAD (Oportunidades de la Vida Real y Discipulado de Los Angeles), un ministerio 501c3 sin fines de lucro en Los Angeles. La L.A ROAD hace desarrollo iglesias en hogares a través de Los Angeles, el Area y Suburbios Alrededores (GLASS por sus siglas en ingles). La L.A ROAD también organiza un Campamento Bíblico por las Tardes (EBC por sus siglas en ingles) anual por dos semanas en julio y le da seguimiento con ministerio de Clubs para Niños semanales todo el año.

Ernesto da consejería en hogares sobre el matrimonio y la familia, y se reúne regularmente con parejas y niños de varios trasfondos y etnias dentro y fuera de la iglesia. Es un administrador certificado por el perfil de Análisis de Temperamentos de Taylor-Johnson y regularmente dirige seminarios usando materiales de Caring for the Heart [Cuidando el Corazon] y Hope for the Family [Esperanza por la Familia].

No de menos importancia, a Ernesto le encanta ser mentor para los hombres. Él dará el tiempo necesario para animar a los padres e hijos, esposos, divorciados, y sus hijos para seguir en las pisadas de Jesús para llegar a ser lideres sirvientes sacrificadores en sus hogares, iglesias, y comunidades.

Ernesto se casó con Yvonne King (Yoder) el 27 de febrero de 2021. Juntas, son administradoras de Stories Made New, un programa de ministerio residencial para mujeres jóvenes en Ephrata, Pensilvania.

Ernesto también sirve actualmente en el ministerio independiente y asesor con varias iglesias menonitas en el condado de Lancaster y la ciudad de Lancaster.

La residencia actual de Ernest e Yvonne está en **154 E. Farmersville Road, Ephrata, PA 17522.** Su correo electrónico es: **ernestwitmer@ juno.com.** También se le puede contactar en:**https://www.facebook. com/ernest.witmer.**

www.ingramcontent.com/pod-product-compliance
Lightning Source LLC
Chambersburg PA
CBHW021619120626
46545CB00001B/309